わかる、伝わる、
人を動かす
シンプル
資料作成術

仲川顕太
Nakagawa Kenta

フォレスト出版

はじめに

本書を手に取った皆さんは、「資料作りがうまくなりたい」と思っているはずです。

資料は、さまざまなビジネスシーンで重要な役割を果たします。

たとえば、営業職であれば顧客への提案資料、企画職であれば社内の稟議資料、コンサルタントであればクライアントへの報告資料など、あらゆるシーンで活用されています。他者の理解や納得を得て、効果的、効率的にビジネスを推進するためには、資料は必要不可欠なものとなっています。

近年のテクノロジーの進化により、生成AIを活用した精緻な文章作成や、VR・ARを活用した高度な映像表現など、新たな資料作成の手段が登場しています。

こうした時代の変化とともに、資料の位置づけも変わるかもしれません。AIに伝えたい内容を指示すれば、簡単にスライドに変換してくれる――そんな時代の到来も、すぐそこまで迫っています。

それでも私は、資料作成がビジネスパーソンにとって不可欠なスキルであり続けると信じています。

その理由は2つあります。

1つ目は、AIがスライド作成を代替してくれても、**「人を動かすために何を伝えるべきか」を考えることは、AIに完全に任せることはできないから**です。

人は感情の生き物です。その感情を踏まえた上で、「資料を通じて、相手と自分は何を達成したいのか」というゴール設定や、「ゴールを達成するために、相手に何をどのように伝えるべきか」といった意思決定をする必要があります。このような複雑な状況を踏まえながら、人の複雑な心の機微にまで配慮することは、AI のみでは難しく、引き続き人間が担うべき領域です。

また、AI が選択肢を提示してくれるとしても、その中から最適な解を選ぶのは人間の役割です。

もう 1 つの理由は、**資料作成を通じて考える力（思考力）が鍛えられる**ことです。

現在、私はグロービスのビジネススクールや企業研修で思考力を高めるトレーニングを担当しています。

思考力とは「地頭」だけでなく、「思考技術」によって成り立つものだと考えています。思考技術は努力次第で誰でも鍛えることができます（事実、自分自身だけでなく、私が指導した方たちも努力することで思考力の向上を実現されています）。そして、そのためには、日々のアウトプットが不可欠です。

資料作成は、思考力を鍛えるためのアウトプットとして最適です。普段の業務では、限られた時間の中でアウトプットを求められることが多く、思考技術を鍛えるためだけの時間を設ける余裕はなかなかありません。しかし、**資料作成という作業は、1 人でじっくりと考えながら取り組むプロセスを通じて、新しい思考技術を試したり、訓練をするのに最適な機会になります。**

私は、若い年齢で事業責任者やビジネススクールの講師を務める機会に恵まれました。それは、単に私の地頭が良かったからというわけではなく、思考技術を鍛え続けてきたからです。

資料作成を通じて、自分の考えを深く掘り下げ、それを整理して伝える力を磨いてきました。私が新規事業開発の担当者だった頃、私は幸運にも極めて優秀で尊敬できる上司と一緒に仕事をする機会に恵まれました。仕事で資料作成に励んでいた際、上司からフィードバックされるのは思考力を高めるための論点ばかりです。目的は何か？　主張は何か？　その根拠は十分か？伝える内容は構造的に整理されているか？　ストーリーとして説得力があるか？　資料作成を通じて、思考技術を磨き続けたことが現在のキャリアにつながっています。

資料作成は、ごまかしがきかない真剣勝負の知的トレーニングです。最終的なアウトプットが求められるため、思考の量が不十分であれば、質の高い資料を作ることはできません。この過程の中で、自分の思考の欠点を見つけたり、改善することができるのです。

本書は、単なる資料作成の技術を伝えるだけの本ではありません。ビジネスにおいて「人を動かす」ために必要な思考プロセスを、丁寧かつ具体的に解説しています。

お読みいただければ、「何をどのように考え、どのようなアウトプットを作成すればゴールを達成できるか」について、深く理解できるでしょう。

私が事業責任者として実務経験を積んだり、研修やビジネススクールで受講生たちと向き合ってきた中で、最もよく耳にしたのは、「資料作りのポイントは学んだものの、いざ手を動かすと行き詰まってしまう……」という声です。

この悩みには、私も深く共感します。実際、私自身かつての上司から資料作りの指導を受けた際に、自分のアウトプットがうまくいかないと感じたことが何度もありました。

上司の資料は簡潔で、伝えたいことが見事に伝わるのに対して、自分が作成する資料はどうしてもその水準に達しない——この葛藤を解決するために、私は資料作成プロセスの曖昧な部分を徹底的に言語化し、**誰でもシンプルでわかりやすく、説得力のある資料を作れるようになる**方法を探求しました。その結果、資料作成の巧拙は「センス」ではなく、再現性のあるスキル、そして技術だと確信するにいたりました。

本書では、そのスキルと技術を詳細に解説し、誰もが実践できる方法としてお伝えしています。資料作成を通じて「人を動かす」力を高め、論理的思考力を鍛え続けたい方にとって、大いに役立つ内容になっていると自負しています。

資料を確実に作成できるようになりたい方、そしてクリティカルな思考力を磨き続けたい方——そんな皆さんとともに、資料作成の奥深い世界を探求していけることを楽しみにしています。

目次

第1章　資料は何のために作るのか？
——そもそも資料の役割とは？

第2章　資料を作るときには何を頭に入れるべき？
——資料作りの全体像

第3章　資料のゴールを設定する
──ゴールは「具体的に」「状態」で定義する

第4章　メッセージの作り方
──伝えたい内容や主張を簡潔かつ明確に表現する

第5章 ボディの作り方 Part1 ——伝えたいことを一目で伝える情報整理の技術

第6章 ボディの作り方 Part2 ——情報の整理と構造化に箇条書きを活用する

第7章　デザインの重要性
――「減らす」「揃える」「空ける」

第8章 練習してみよう！
――資料作りのテクニックを実践する

ブックデザイン ……… bookwall
本文DTP制作 ……… 近藤真史
本文図版制作 ………… 津久井直美
編集&プロデュース …… 貝瀬裕一（株式会社MXエンジニアリング）

第1章

資料は何のために作るのか？

―― そもそも資料の役割とは？

この章では「そもそも資料は何のために作るのか？」

「本当に必要なのか？」という基本的な問いから始め、

資料の役割について理解を深めていきます。

私たちは目的を忘れ、資料のデザインや見栄えを

良くすることに過度に時間を費やしてしまいがちです。

また、資料がうまく作れたこと自体に満足してしまい、

肝心の目的が達成されたかどうかを見落とすことも少なくありません。

もちろん、デザインの良さや見栄えは大切です。

しかし、それだけでは目的を達成することはできません。

資料の役割は何かについてまずは目線を合わせていきましょう。

資料は人を動かすために存在する

まず皆さんに考えていただきたいことがあります。
そもそも資料は何のために作るのでしょうか？
それは「人に早く効率的に動いてもらうため」です。
ビジネスにおいては、人を動かすことが不可欠です。

・営業職としてお客様に自社の商品／サービスを買っていただく
・企画職として社内で企画を承認してもらう
・営業企画として社内の営業パーソンに動いてもらう

このように、どのような仕事であっても、人に働きかけ動いてもらうことで新たな価値が生まれます。

「人を動かす」とは「ギャップを埋める」こと

では、「人を動かす」とはどういうことでしょうか？
これは目的に応じてさまざまなゴールが存在します。
たとえば、「理解してもらう」「納得／腹落ちしてもらう」「コスト（時間／お金）をかけることについて意思決定をしてもらう」などがあるでしょう。

また、ゴールに加えて、動かしたい相手のスタート地点もさまざまです。
たとえば、「提案内容については理解できたが、提案を採用することに心から納得できていない」「納得はできたが、意思決定に踏み切れない」などもあるでしょう。

このスタート地点とゴール地点のギャップを埋めることが「人を動かす」ことの本質です。つまり、**資料の役割は「相手のスタート地点と自分が相手に到達してもらいたいゴール地点との間にある距離を縮めて、ビジネス上の目標を達成すること」と定義できます** 図01-01 。

図01-01

人を動かすとは「スタートとゴールのギャップを埋めること」
ゴール
到達したい状態
(理解/納得/意思決定)
動かしたい相手の現状
(理解度/納得度など)
スタート
A案に納得した!
?
A案には納得していない…

資料は本当に必要なのか?

ところで、人を動かす手段には、どのようなものがあるでしょうか?

やはり「言葉で伝えて動かす」ことが基本でしょう。

たまたま言葉が通じない国に行ったときであれば、言葉ではなく、身ぶり手ぶりなどの「ノンバーバルコミュニケーション」で意思を伝えなければいけないこともあるでしょう。しかし、普段の生活においては言葉で伝えて人を動かすことが基本になります。

言葉を使って人を動かすとなった場合においても、資料は必ず必要になるものなのでしょうか？　資料の必要性について考えるためにも、まず言葉だけを使って人を動かすときと、資料を使って人を動かすときの違いについて考えてみましょう。

資料の本質とは？

言葉だけを使って説明することと、資料を使うことの最大の違いは、視覚表現の有無です。つまり、資料の場合は相手に耳だけでなく目も使ってもらうことができます。

元来、人間は頭で考える能力はあまり高くはありません。

グロービス経営大学院で私が担当しているクリティカルシンキングの講座では、「ピラミッドストラクチャー」という論理的思考のフレームワークをよく使います。ピラミッドストラクチャーは、一番上に結論を置いて、要点と根拠が結論を下から支える構造になっています。このフレームワークは、頭の中で考えている論理構造を見える化し、他者に伝わるかどうか、論理的に筋が通っているかどうかを確認するためのものですが、その本質は「目に見える」ことにあります。

「伝えたい主張は明確か？」「主張を支える上で抜けたり漏れている論点はないか？」「主張を支える根拠は十分か？」――こういったことを頭の中だけで確認するのは多くの人にとっては困難です。そこで**ピラミッドストラクチャーのようなフレームワークを作成して、「目」や「手」に仕事をさせることで、論理構造を明確にできるのです。**

頭だけで考えることが容易でないのと同じように、言葉だけで伝えられることにも限界があります。特に、伝えなければいけないことがたくさんあるときは顕著です。

たとえば、いきなり次のようなことを一気にまくし立てられても、ほとんどの人は内容をまったく理解できないのではないでしょうか。

「まず前提はAで、その前提においてはBが重要で、P、Q、Rの事実からするとCと言えるだけでなく、X、Y、Zの事実もあるので、Dなんです！」

ビジネスの現場における具体例を挙げましょう。

たとえば、次のことがらを口頭だけで説明されたとしたら、聞いた人はどのように感じるでしょうか？

アルコールメーカーであるわが社B社は危機にあることをお伝えします。

1990年には2000億円の売り上げだったのが、1995年代では2200億円に増加したものの、2005年には1600億円と減少し、2010年には1500億円になりました。

そして2020年には1300億円へとさらに落ち込み、2024年の予測は何と900億円の見込みになっており、危機的な状況になっているといえます。

一方、市場規模を見ると、ビール業界は1990年にはビールが単体で8000億円を占めていましたが、1995年にはビールは7500億円、新ジャンルの発泡酒が500億円、また2000年にはビールが6000億円、発泡酒が1500億円になり、2020年にはビールは2800億円、発泡酒は1100億円、新ジャンルは1600億円に到達し、2025年の予測値ではビールが2700億円、発泡酒が1100億円、新ジャンルが3200億円になるといわれています。

これは、税制などが原因になっており、1994年のビール増税、2003年の発泡酒増税などの規制が影響していますが、2006年の新ジャンル増税があったにもかかわらず、新ジャンルは200

%成長していることから、機会があると考えています。

つまり、B社の売上の不調の打開策として、新ジャンルのビールへの参入を検討したいと考えております。

こんな膨大な情報を口頭だけで聞かされても、頭の中だけで理解したり、納得したりするのは極めて難しいのではないのではないでしょうか。このように情報量が膨大であっても、資料が1枚あれば簡単に伝えることができます 図 01-02 。

図 01-02

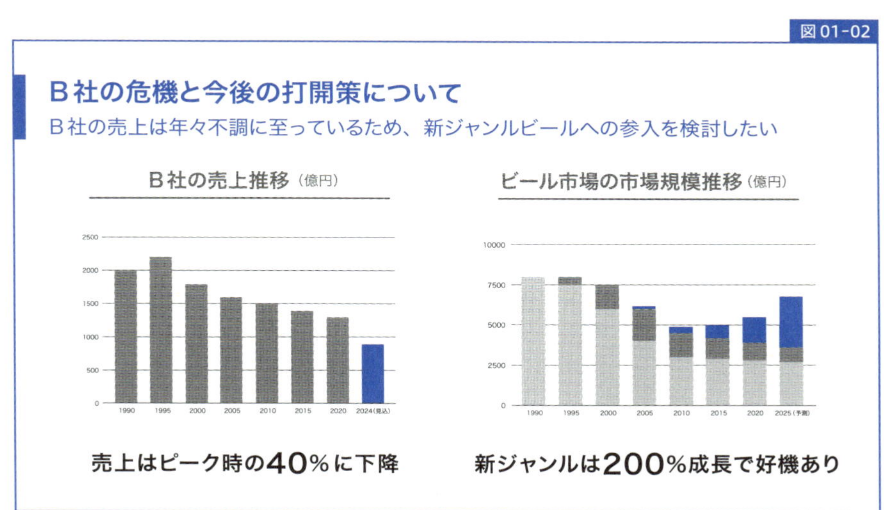

資料で共有すれば、自社がピンチであること、新ジャンルに機会があることなどが一目で理解できます。

こう考えると、**資料の本質は視覚性にある**といえます。言葉や文字だけで伝えてもイメージが湧きづらい内容も視覚表現を用いることで一目で理解してもらえますし、納得感も高まります。

人はロジックだけでは動かない

ここで皆さんに１つ考えていただきたいことがあります。

視覚に訴える資料を使って論理的に主張や根拠を説明さえすれば、相手のスタート地点とゴール地点のギャップは本当に埋まるでしょうか？

人の意思決定には３つの階層があるといわれています。それは**「合理的判断」「感情／価値観的判断」「生物的本能」**です。

合理的判断：論理的に考えて「良い」と思う、「やるべきだ」と思うこと

感情／価値観的判断：感情的に「この人が好きだ」、または「価値観が合うから協力したい」ということ

生物的本能：無意識のうちに意思決定すること

資料は、３つの判断のうち主に合理的判断を助けるものです。ただ、合理的に納得させられる可能性が高いものの、必ずしも資料だけでギャップが埋まるとは限りません（場合によっては、感情／価値観的判断の部分でノーと思われるかもしれないからです）。

こうしたことを理解していないと、「極めて論理的な説明なのに、相手がまったく動いてくれない！」などと途方にくれてしまうかもしれません。

そうならないためにも、相手との関係性を考慮し、資料を作ることが最適な手段でない場合や、資料が必ずしも必要でないケースもあると理解することが重要です。

感情や価値観がかかわる意思決定であれば、まず相手と食事をするなどして関係性を構築することが必要になるでしょう。相手を動かすときに「埋めるべきギャップ」が何かを意識することが重要です。

「資料を作るべきかどうか」の意思決定

相手との関係性が良好で、合理的に判断してもらえる状況であっても、資料が必要がどうかを一考する必要があります。なぜなら、資料を作るには一定の時間（コスト）がかかるからです。**資料を作るかどうかを判断するにあたっては、「時間（コスト）を使うべきかどうか」というタイムパフォーマンスの視点が必要です** 図01-03 。

図01-03

資料を作るときに持ちたい視点

代替手段もある中で「資料を作るべきか？」を常に考える
➡資料を作る際には常にコスト／リターン意識を持つ

この視点において、「資料を作ることで、目的の達成確率が一定以上高まる（ギャップの中心は合理的判断によるもの）」とわかった時点で「資料を作ろう」と意思決定をするべきです 図01-04 。もし、口頭による説明で目的が達成されるのであれば、わざわざ資料を作る必要はありません。

図 01-04

資料を作る際の2つのチェックポイント

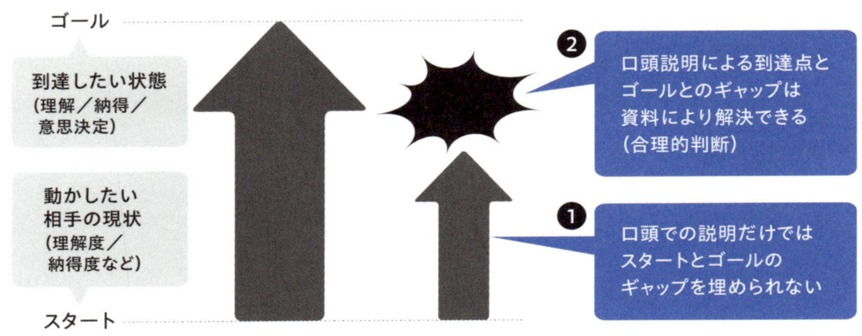
ゴール
到達したい状態
（理解／納得／
意思決定）
動かしたい
相手の現状
（理解度／
納得度など）
スタート
❷ 口頭説明による到達点と
ゴールとのギャップは
資料により解決できる
（合理的判断）
❶ 口頭での説明だけでは
スタートとゴールの
ギャップを埋められない

ほかの効果的な打ち手と比較する

相手に納得してもらう手段は、資料や言葉だけとは限りません。たとえば動画を見せたり、実際に体験してもらうといった手段もあります。

ただ一方で、そうした手段を実施するにも相応のコストがかかります。そこで、コストとリターンを考慮した上で、「適切なコミュニケーションスタイルは何か」を考えることが重要になるわけです。

また、一口に「伝わりやすさ」といっても、伝える相手の性質によっても内容が異なります。資料を見るのがおっくうと感じる人もいれば、自分が実際に体験しないとどれだけ論理的に説明しても納得できないという人もいます。相手の特性に合わせて適切な手段を選ぶようにしましょう 図 01-05。

図01-05

人を動かす代替手段との比較

口頭説明

文章

資料
（スライド）

動画

体験

手軽さ　伝わりやすさ

コスト（手軽さ）とリターン（伝わりやすさ）を比較して手段を検討
➡「資料を作るかどうか」について意思決定する意識を持とう！

資料作成の要否を考える際の4つのステップ

今までの話を踏まえて、資料を作成するかどうかは次の４つのステップで考えていくとよいでしょう。

〈ステップ①〉ゴールとスタートを確認し、ギャップを可視化する

コミュニケーションの目的から「相手をどんな状態にしたいのか」というゴール、たとえば「意思決定をしてもらいたいのか」「納得してもらいたいのか」などを設定しましょう。そして、相手の現状を言語化し、ゴールとのギャップを可視化します。

〈ステップ②〉口頭の説明だけでギャップが埋まるかどうかを確認する

口頭で説明をしたときに、〈ステップ①〉で可視化したギャップが埋まるかどうかを確認しましょう。もし、ギャップが埋まるのであれば、口頭での

説明だけで済ませましょう。

〈ステップ③〉ギャップの性質が合理的な判断のみで解消するか否かを確認する

口頭で伝えたときの相手の反応とゴールにギャップがあったとしたら、それが合理的判断にもとづくものなのかどうかを確認しましょう。もし合理的判断以外のことがネックであれば、ギャップを埋めるためにはほかのアプローチが必要です。

〈ステップ④〉ほかのビジュアル手段と比較して、最もコスパの良い手段を選ぶ

ほかの多様な代替手段とも比較して、伝わりやすさ（リターン）と手軽さ（コスト）を天秤にかけた上で最適な手段を選択します。

〈ステップ①〜④〉を経た結果、「資料が必要だ」と判断した場合に初めて資料作成に取りかかります。普段からこれほど厳密に考える必要はありませんが、相手に説明する際に「とりあえず資料を作り始める」人が少なくありません。ぜひ最初に「資料が本当に必要か」と考える習慣を持っていただきたいと思います 図01-06 。

図 01-06

（まとめ）資料作りの意思決定までのフロー

1	**ゴールとスタートを言語化し、ギャップを可視化** 「人をどんな状態にしたいのか？」「現状はどうなのか？」をまず確認する
2	**口頭説明だけでギャップが埋まるかどうかを確認** 口頭説明で埋まるギャップなら口頭説明を優先
3	**口頭説明による到達点とゴールのギャップの性質が“合理的判断”かを確認** 合理的判断では埋まらない場合は、異なるアプローチを検討する
4	**合理的判断を埋めるための代替手段と比較し、最適な手段を検討** 伝わりやすさと手軽さを天秤にかけて最適な手段を選択

第１章のまとめ

第１章では、まず資料の役割を理解し、「そもそも資料を作るべきかどうか」の検討から始めることの重要性についてお伝えしました。

資料は人を動かす、つまり相手の現状とゴールのギャップを埋めることを目的とします。

闇雲に資料を作るのではなく、コストとリターンを天秤にかけた上で、資料を作成するべきかどうかを考えることが重要です。

次の章からは、検討を終えて「資料を作る」と意思決定したあと、どのように考えを進めればよいのかについて解説します。

第2章

資料を作るときには何を頭に入れるべき?

―― 資料作りの全体像

第１章では資料を作る目的について整理しました。

この章では、実際に資料作りを進めていく際の全体像を解説します。

皆さんは、資料を作るときに全体像を意識しながら

作業に取り組めているでしょうか？

おそらく多くの人が「できていない」のではないかと思います。

資料作りの全体像を押さえることで再現性を手に入れることができ、

常に迷わずに資料を作れるようになります。

さっそく学んでいきましょう！

すぐにスライドを作り始めてはいけません

第１章では、資料を作る前に資料の本質を理解することと、皆さんが達成したい目的とを照らし合わせて、資料が最適な手段なのか否かを事前に考えることの重要性をお伝えしました。

まず「人に伝えて動かす」という目的にもとづいて、口頭、メール、動画などほかの伝達手段と比較した上で、資料が最適だと判断できたら作成するということは忘れないようにしてください。

「資料で伝えるのが最適」だと判断したら、いよいよ作成に取りかかるわけですが、皆さんはまず何からやるべきだと思いますか？

もしかして資料を作るときに、いきなりプレゼンテーションソフトを開いてスライドを作り始めていませんか？　少しでも早く仕事に取りかかろうという意気込みは素晴らしいと思います。ですが、すぐにスライドを作り始めてはいけません。

資料作りで最も避けたいのは、作成の途中でどの情報を追加するべきか、あるいは削除するべきかがわからなくなり、迷走してしまうことです。この状態が続くと時間を浪費しますし、労力がかかるため脳や身体のエネルギーも消耗します。

では、どうすればよいのでしょうか？

まず**全体像を意識する**ようにしてください。

一口に「資料を作る」といっても、いくつもの作業プロセスに分解できます。本書では資料を作る手順をまず大きく４つのステップに分けて、それをさらに細かく７つの小さなステップに分けています。

なぜ、このように細かいプロセスに分ける必要があるのでしょうか？

プロセスに分解すれば「何をすればよいか」で悩まなくなる

皆さんは資料を作っている最中に、「今自分は何をしていて、次に何をするべきか」を明確に意識しながら作業できているでしょうか？

もし「明確になっていない」という方がいたら朗報です。この章の内容を学ぶことで、資料作りの効率と質が大幅に上がります。

人は今自分がやっていることを明確に捉えれば捉えるほど、効率的かつ質の高い仕事ができるようになります。なぜなら、各プロセスでやるべきことが明確になり、そのときに何に注力するべきかがわかるからです。

たとえば、製造業では生産ラインが分かれていて、各作業ごとに最適化された動作を行なうことで、効率的に質の高いものづくりができます。

資料作りも同様です。全体を複数のプロセスに分解し、各プロセスに合った最適な頭の使い方をすることで、効率的に作業できますし、「次に何をしようか？」と途中で手が止まることもありません。

ですから「資料を作る」という行動を漠然と1つのかたまりとして捉えるのではなく、複数のプロセスの集まりと考えましょう。だからといって、あまり細かく分けすぎると、今度は全体像を意識しづらくなってしまいます。

そこで、本書では多くの人が覚えやすいといわれている「マジックナンバー」の7で分けた、資料作成の全体像を用意しました 図02-01 。これにもとづいて解説します。

図 02-01

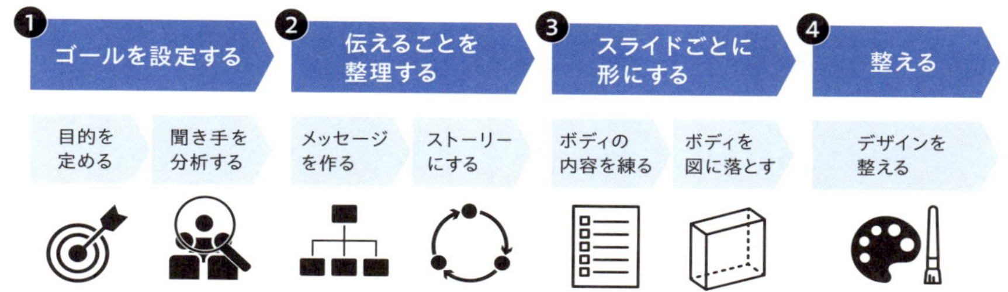

資料作成のステップとは？
❶ ゴールを設定する
❷ 伝えることを整理する
❸ スライドごとに形にする
❹ 整える
目的を定める
聞き手を分析する
メッセージを作る
ストーリーにする
ボディの内容を練る
ボディを図に落とす
デザインを整える

資料作成は大きく4つ、細かくは7つのステップで構成される

ステップの１つ目は「ゴールを設定する」、２つ目は「伝えることを整理する」、３つ目は「スライドごとに形にする」、そして４つ目は「整える」です。最初にこの全体像を意識できれば、「今どの作業をしているのか」「次に何をするべきなのか」がすぐにわかります。作業の途中で迷うことは格段に減るはずです。

全体像とプロセスで捉えることで資料作成能力は向上する

資料作成の全体像をプロセスに分けて考えることの効用は、実はほかにもあります。１つ１つの資料作りという経験からの学びを最大化し、資料作成能力を最速で伸ばすことができるのです。

社会人の学びは経験学習サイクルがベースになっています。学生時代のように「テストで高い点を取る」を目的とした知識のインプットであれば、教科書を読んだり、練習問題を解くことで確実に知識は増えますし、点数も向上します。しかし、仕事は学校のテストではありません。実際に現場で行動して、ビジネスとして何らかの成果を出す必要があります 図 02-02 。

成果を出すための資料作成能力を身につけるためには、概念や知識だけを知っていても意味がありません。(これは本書で解説する内容も同様です。読んで終わりにせずに、第8章の演習問題に取り組んで、学んだことを自分の血肉にしてください。)

資料作成能力を高めたければ、本書やそれ以外のさまざまな解説書を読んだり、オンライン教材を視聴するなどして、まず基本的なポイントを押さえてからご自身の仕事のシーンで実践して振り返るようにしてください。そうすることで初めて血肉になりますし、作成する資料の質を向上させることができます。

図 02-02

資料作成能力向上に必要なこと

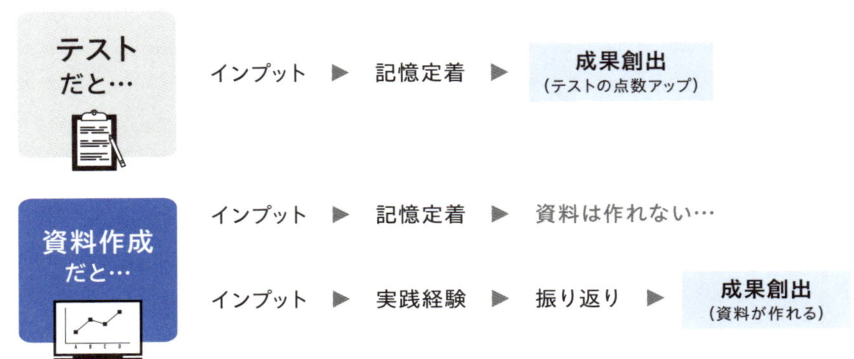

資料作成能力を高めるためには実践経験と振り返りが必要不可欠

ただし、注意していただきたいのは、単に資料を作る回数を増やせば資料作成能力が向上するとは限らないということです。もしかしたら、本書をお読みの皆さんの中には、これまでに数百件、あるいは1000件を超える資料作成をこなしてきたという方もいるかもしれません。

「今回の資料作成はうまくいった」「今回はうまくいかなかった」という振り返りは、まったく効果がないわけではありません。しかし、振り返りのポイントが明確でないため、場当たり的、もしくはそのときどきの思いつきで「ここが良かった／良くなかった」と局所的な改善を繰り返すだけになってしまいます。その場合、いくら成長機会を与えられても、限られた時間の中で得られるものを最大化することはできません。

皆さんにも次のような経験があるのではないでしょうか？

資料を作ってプレゼンテーションを行なうまでのプロセスの中で、複数人の上司・先輩からダメ出しをされる。あるいは、「伝えたいことが伝わらなかった……」とプレゼン終了後に反省する。ただし、「何がどうダメだったのか？」については、他者からのアドバイスが部分的だったり、その人の個人的な価値観にもとづいているため、汎用性がなく、よくわからない。そのため再現性を得られず、次回につながらない。

最も大事なのは、1つの事象から学ぶ力です。

そのために役に立つのが、**最初に全体像とプロセスをしっかりと把握する**ことです。各プロセスは、作成した資料の良し悪しをあとで振り返る際の客観的かつ汎用性のあるチェックポイントになります。

ここでダメな振り返りと良い振り返りの違いを整理しておきます。

最もダメな振り返り：まったく振り返りをしない
次にダメな振り返り：良かった／悪かったのみを振り返る。
惜しい振り返り：良かった点／悪かった点を思いつきベースで列挙するだけ

理想的な振り返り：良かった点／悪かった点を構造的かつ明確なチェックポイントにもとづいて網羅的に振り返る

このように、1つの経験から最高の学習成果を得るためにも、チェックポイントとして全体像をご活用ください。

資料作成能力を上げるための公式

ここで、どんな仕事でも共通する、成長するための公式をお伝えします。もちろん資料作成能力を高めることにも通じます。

私自身は、どんなスキルを身につけるときにも、この公式を意識して仕事に臨んでいます。

成長 ＝ 挑戦の質 × 挑戦の量 × 振り返り力

この公式を資料作成能力を高めるという文脈に置き換えて解説します。「挑戦の量」は文字通り、資料を作った回数（正確には資料作成の枚数）です。「挑戦の質」は、その挑戦自体がどのくらい成長に寄与できる性質のものなのかを表します。主に次の3つがあります。

- 難易度の高さ（ゴールとスタートのギャップが大きな資料作り）
- 難易度の適切さ（少し背伸びするようなチャレンジ。難易度が高すぎるとかえって成長しづらい）
- 挑戦の幅広さ（今までとは異なるタイプの資料作り）

そして最も大事なのが「振り返り力」です。次の2つで構成されます。

・何がダメだったのかを適切に捉えること
・どうすれば次回以降、良くなるのかを明確にすること

振り返り力を構成する2つの精度を高くすることで、1つの経験からの学びを10にも100にもすることができるのです。

私が資料作成を教えている受講生の中で、成長の早い人は1つの経験から得る学びの質と量がずば抜けています。逆に、成長が遅い人は「良くない振り返り」を行なっていることが多いです。

たとえば、次のような振り返りをしている人をよく見かけます。

〈良くない振り返りの例〉
・「デザインをもっときれいにすればよかった」
　→目的設定や、メッセージ、ストーリーなど、振り返りのポイントを見逃している
・「もっとよく伝えるために考えればよかった」
　→何が悪かったのかを捉えられていない
・「学びは1つで……」
　→そもそも学びのポイントが少なすぎる

このように、せっかく仕事の現場で成長の機会を得ていても振り返り力が低いと、結局、同じ失敗を繰り返すことになり、機会をムダにすることになります。あくまで私の感覚ですが、1つの経験から成長できる最大値を100点としたときに、大半の人は10点程度しかつかみ取れていない気がします。

同じ仕事でも得られる成長の程度には差がある

同じ仕事をしたときに、1つの経験から100の成長を遂げる人に対して、10しか成長できない人は、100の成長をする人の10倍の量の仕事をこなす必要があります。つまり、成長速度に10倍の開きがあるということです。新卒で入社した時点では同期の社員はほぼ同じレベルの実力ですが、数年も経つと大きな差が開きます。それはこの振り返り力の差なのです。

振り返りの質と量を高めていくためには、次のプロセスを意識してみましょう。

①全体像を捉える
②全体を細かいステップに分解する
③各ステップごとに「できていること」「できていないこと」を振り返る

全体を細かいステップに分解して、各ステップごとに振り返ることで、通常の振り返りよりも発見の数が飛躍的に増え、振り返りそのものの質を上げることができます。

たとえば「資料作成がうまくいかなかった」というときに、「何が悪かったのか？」「どうすればよかったのか？」「次は何を意識するべきか」までを適切に振り返れるようになります。

ここで、かつて私が行なっていた振り返りの方法をご紹介します。次のようなポイントを決めて振り返りをしていました。

〈内容のレビュー〉

・結果はどうだったのか？　ゴールに到達したのか？
・最終的に作成された資料の点数は何点だったか？
・何ができていた？／何ができていなかった？

・プロセスの振り返り（4つのプロセスと7つのステップに照らし合わせながら）

〈プロセスの深掘り〉
・このプロセス（orステップ）の良し悪しの理由・原因は何だったのか？

〈改善点の洗い出し〉
・（良かった点から）続けるべきことは何なのか？
・（悪かった点から）どうすればよかったのか？

〈今後、意識するべきこと〉
・今後、意識するべきことは何か？

皆さんには、こちらの振り返りフォーマットをご利用いただければと思います 図02-03a 図02-03b 。

図02-03a

振り返りフォーマット①

		評価	詳細
結果		○ 目標達成	xx
プロセス	ゴール	○ ゴール設定は問題なし	xx
	メッセージ	△ メッセージは改善余地あり	xx
	ボディ	× ボディは改善余地が大きい	xx
	デザイン	△ デザインも改善余地あり	xx

図 02-03b

振り返りフォーマット②

	概要	詳細
改善点	メッセージを 相手に合わせる	続けるべきこと：xx 改善するべきこと xx
ネクストアクション	メッセージの意識 メッセージ／ ボディの整合性を確認	メッセージを書くときに 相手を想像する 見直すときに 相手目線で確認する

各ステップにおいて大事なのは最初の部分

資料作りの各ステップの中でも特に重要なステップは何でしょうか？

結論から言うと、最初のゴール設定です。

次に大事なのは「伝えることを整理する」ことです。

これは**「What（何を伝えるか?)」と「How（どう伝えるか?)」の２つ**に分かれます。「中身＝ What」と「見た目＝ How」と言い換えることもできます。より重要なのは「中身＝ What」のほうです。

資料は中身が９割

良い資料かどうかを見極めるポイントは次の２つです 図 02-04 。

① What（伝える中身）は適切か？
② How（見た目）は適切か？

図 02-04

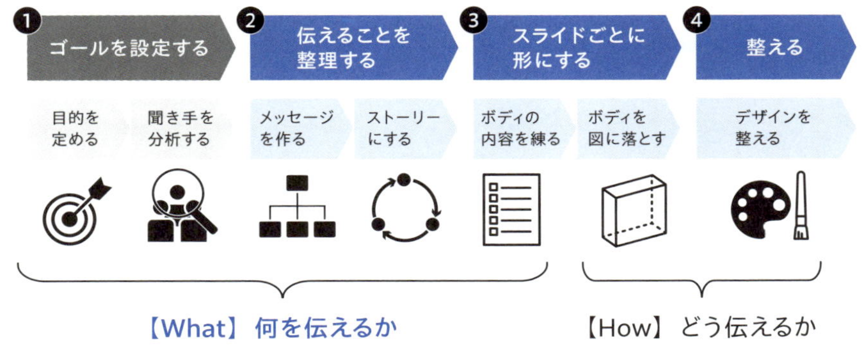
スライド作成のステップで大事なこと
1 ゴールを設定する
2 伝えることを整理する
3 スライドごとに形にする
4 整える
目的を定める
聞き手を分析する
メッセージを作る
ストーリーにする
ボディの内容を練る
ボディを図に落とす
デザインを整える
【What】何を伝えるか
【How】どう伝えるか
何を伝えるかが9割です！

もちろん理想はWhatとHowの両方が優れていることです。中身も見た目も優れていれば、しっかり伝わる資料になります。

しかし、実際には見た目にこだわりすぎるあまり、中身が不十分な資料が少なくありません。たとえば、伝え方に工夫を凝らし、デザインに時間をかけたにもかかわらず、肝心なメッセージが伝わらなかったり、相手を誤った方向に導いてしまう資料を作ってしまうことがあります。

このようなミスを避けるためにも、まず注力すべきは中身です。資料作成においては、「見た目」よりも「中身」が優先されるべきであり、そこには明確な理由があります。

まず、**資料の中身がしっかりしていれば、多少見た目が良くなくても、口頭で補足することで目的を達成できる可能性が高まります。**

逆に、見た目がいくら整っていても、中身がともなっていなければ、どんなに美しい資料であっても目的は達成されません 図02-05 。

図02-05

資料のアウトプットを決める"2つ"のポイント
❶ What＝中身の質
理想の資料
スタート地点
❷ How＝見た目の質
参考：『イシューからはじめよ――知的生産の「シンプルな本質」』（安宅和人、英治出版）
「What＝中身の質」と「How＝見た目の質」の2つによって
資料の良し悪しは判断できる

見た目と中身を磨く順番に気をつけよう

これまで中身の重要性をお伝えしてきましたが、見た目と中身を磨く順番についても意識してください。

資料作成の途中で「犬の道（※）」に迷い込む人をよく目にします。

時間をかけて見た目を整えても、上司からのレビューで中身の問題を指摘され、すべてが台無しになるといったケースも珍しくありません。これでは、作成にかけた時間がムダになってしまいます 図02-06 。

※『イシューからはじめよ』の著者、安宅和人氏が警鐘を鳴らした「課題解決で陥りがちな罠」。課題解決において「解（答え）の質」ばかりに注目してしまい、肝心の「イシュー度（必要性の高さ)」をおろそかにしがちであることへの注意喚起。

図 02-06

中身のほうが圧倒的に重要な理由

中身が良くて見た目がダメ	見た目が良くて中身がダメ

きれいに伝わり切らなくても **相手を動かせる可能性あり**	読み手のストレスはなくても **目的は達成されない**

中身がダメなら、本来の目的は達成不可能

繰り返しますが、中身がしっかりしていれば、たとえ見た目が完璧でなくても、"相手を動かす"という目的は十分に達成できます。

また、見た目を変えるのは比較的簡単ですが、内容自体を変更するのは非常に手間がかかり、時間が必要です。そのため、まずは中身の質を高めることに集中するのが、最も効率的です 図 02-07（次ページ）。

図 02-07

資料作成において進むべき道は？

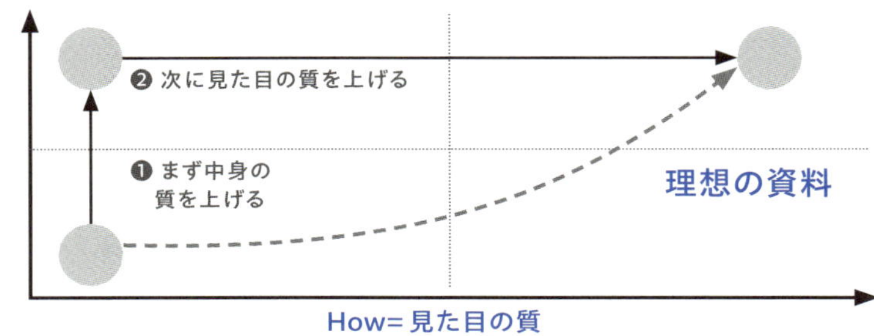
What＝中身の質
❷ 次に見た目の質を上げる
❶ まず中身の
質を上げる
理想の資料
How＝見た目の質

参考：『イシューからはじめよ——知的生産の「シンプルな本質」』（安宅和人、英治出版）

まず中身の質を高めたあとに見た目の質に注力すべし

皆さんの資料作成能力を真に鍛えるためにも、まずは「何を伝えるか」に100％注力することを意識してください。これこそが、効果的な資料作成の鍵です 図 02-08 。

図 02-08

メッセージに落とす際の順番と割合

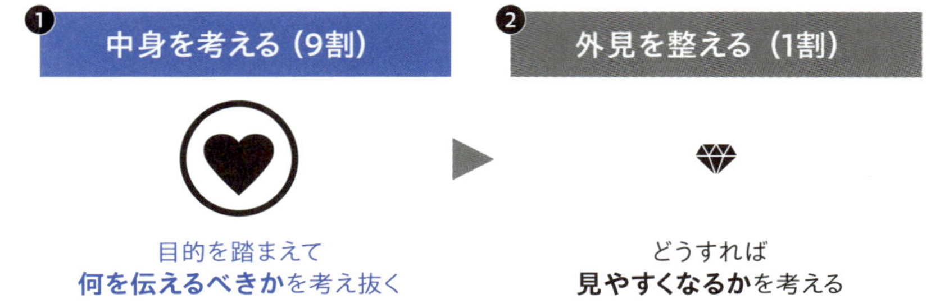
❶ 中身を考える（9割）
❷ 外見を整える（1割）
目的を踏まえて
何を伝えるべきかを考え抜く
どうすれば
見やすくなるかを考える

必ず「中身を先に意識をする」ことを考えてください！

➔ 第 2 章のまとめ

この章では資料を作る上での全体像とそのプロセスについてお伝えしました。資料を作る全体像を捉え、プロセスに分解して捉えることの効用は2つあります。

①思考を最適化することで、効率的かつ効果的に資料が作れるようになる
②振り返りの質を上げ、資料作成能力の向上を加速させることができる

そして、各プロセスにおいては、中身を考えることのほうが圧倒的に大事であるとお伝えしました。この全体像をもとに、次の章からは実際に中身を作っていくプロセスを見ていきましょう。

第3章

資料のゴールを設定する

── ゴールは「具体的に」「状態」で定義する

第２章では、資料作成の全体像について解説しました。

全体像を捉えて各ステップを頭に入れておくことで、

迷わずに資料を作れること、そして適切な振り返りを行なうことで

資料作成能力が向上すること、さらに、資料は「見た目」ではなく

「中身が９割」ということもお伝えしました。

第３章からは、いよいよ中身の作成について、

基本的な考え方から解説します。

ゴール設定の重要性

資料を作るとき、最初にすべきことはゴール設定です。資料の目的は「人を動かすこと」ですが、具体的に「誰をどのように動かしていくのか」「どんな状態に持っていきたいのか」が出発点になります。

皆さんには、資料を作ったもののこのような結果になってしまった経験はないでしょうか？

- 時間をかけて一生懸命作った、自分なりの自信作の資料だったにもかかわらず、思ったように伝わらず、人が動いてくれなかった……
- 数十枚におよぶ大作の資料を作ったにもかかわらず、最終的に使用したのは数ページで、作成にかけた時間と労力がムダになってしまった……

こうしたことはゴール設定が不十分であることから生じます。私はビジネススクールの受講生や事業部のメンバーが作る資料を見る機会がよくありますが、ゴール設定が適切になされていない資料がとても多いです。

たくさんの情報を集めて、ロジックを練り上げて、資料を作った努力自体は立派ですが、「この資料でどのような状態を実現したいのですか？」と質問すると、「えっと……」と答えに詰まってしまう人が少なくありません。

資料を作る目的は、「人を動かす＝ゴールと現状のギャップを埋めること」ですが、このゴール設定が意外と抜け落ちがちです。

ゴール設定のプロセスは「背景 → 目的 → ゴール」

“ゴール設定を行なう”といっても、唐突にゴールを設定することは簡単ではありません。

適切なゴール設定を行なうためには、「背景 → 目的 → ゴール」と順を追って考えることが重要になります。

それぞれの意味合いを解説します。

①**背景**：どんな背景があるのか？
②**目的**：その背景にどんな目的があるのか？
③**ゴール**：目指すべき状態は何か？

ゴールと目的を区別しない人がたまにいますが、この２つはまったく別物です。

ゴールとは**「目指すべき状態」**です。一方、目的は**「なぜそのゴールを目指すのか？」「ゴールに到達することで何を得たいのか？」**です。

目的を設定するのには理由があります。それが「背景」です。

これらを踏まえると、まず背景情報を捉え、目的を言語化した上で、ゴールを設定するプロセスを経ることで、曖昧なゴール設定を防ぐことができます。

〈背景 → 目的 → ゴールの具体例〉

背景：今、自分は営業部に在籍しているが、マーケティングチームに異動したい

目的：今回のジョブポスティング制度でマーケティングチームに異動する合意を得る

ゴール：マーケティングチームに異動することについて関係者が納得して了承している状態

ゴールは「具体的に」「状態」で定義する

ゴール設定を意識する上で重要なのは、ゴールを「具体的に」かつ「状態」で定義することです。
「受注する」「企画を通す」といったゴールは、実は具体的ではありません。もちろん、受注することは重要ですが、その資料でどのような状態を目指すのかが具体的に定義されていないと、どのような内容が必要で何が不要なのかがわかりません。

たとえば、「なぜ行なうのかを理解する」という表現では曖昧です。「なぜ投資をするべきかについて納得している」「これなら任せてもよいと思えている」などと状態を意識するだけで、自然と適切なゴール設定ができるようになります。ですから、ゴールを状態で定義することを習慣化しましょう。

ゴール設定の次はスタート地点の設定

仕事では説得したい相手は1人とは限りません。相手はそれぞれ異なる背景や認識、意見を持っています。同じ内容の資料であっても、相手によって理解をうながせるか、逆に誤解を招くかが変わります。

資料作成では、「どこに到達させるか」を明確にするのと同時に、「相手を理解する」ことも重要です。そもそも資料はゴールとスタートのギャップを埋めるためのものですから、ゴール設定だけではなく、スタート地点の理解も極めて重要です。

相手の理解をうながすためには、「どこから、どのように導き、どこに到達させるのか」という目的に即したプロセスが必要です。相手の理解度や背景に応じて資料の内容や構成を調整し、必要に応じて修正することが求められます。

また、相手の状態や資料の複雑さによっては、1回の資料説明だけでは、相手を目標とする状態に到達させるのが困難な場合もあります。その際は、複数の資料を通して段階的に相手を導くようにするとよいでしょう。その都度ゴール設定とスタート地点の設定を交互に繰り返しながら進めていきます 図03-01 。

図03-01

聞き手の理解によって決まること

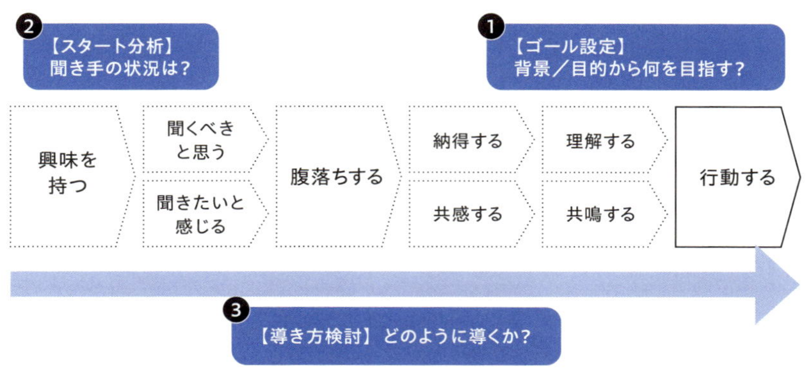

相手を分析することの重要性

ゴール設定を行ない、導き方を決めるには、相手の分析が極めて重要です。

たとえば、皆さんが保険の営業パーソンだったとしましょう。ゴールは同じ「相手が保険に加入すると決めている状態」だったとしても、相手の状況でメッセージの伝え方やストーリーは大きく変わるはずです。たとえば、相手が若い独身の男性ビジネスパーソンの場合と、40代後半の家族持ちのビジネスパーソンの場合とでは、保険の意味合いはまったく違います。

独身男性であれば、今後の長い人生において急な事故や病気で働けなくなったときに生活できなくなることが心配かもしれません。

一方、家族持ちの男性であれば、自分が急に亡くなってしまったときに残された家族が生活に困るようなことが心配かもしれません。

つまり、相手によって関心や認識が異なるため、伝えるべきことや伝えるメッセージも変わるということです。

たとえば、若い独身男性に対して、「残されたご家族が安心して生活するためのリスクヘッジができます！」などと伝えてもまったく響かないことは言うまでもありません。

ここまでの説明で相手を分析することの重要性についておわかりいただけたと思います。では、続けて「相手を分析する」ために具体的に何をすればよいのかについて解説します。

「SKINO」のフレームワークで相手を分析する

私が、相手を分析するときに普段使っているフレームワークをご紹介します。次の5つの観点から相手を分析する**「SKINO（スキノ）分析」**です図03-02（53ページ）。

①性格（Style）
②知識（Knowledge）
③興味／関心（Interest）
④認識（Notions）
⑤意見（Opinions）

この5つで分析すれば、「何を伝えればよいのか？」「何を伝えるべきではないのか？」「伝えるにしてもどのような伝え方をするとよいのか？」などが、一定レベルでわかります。①〜⑤のそれぞれを詳しく解説しましょう。

①性格（Style）

〈概要〉

資料のメッセージやストーリーは、相手のコミュニケーションスタイルや好みに合わせることが重要です。相手の性格やスタイルに合わせた資料を作成することで、メッセージがより効果的に伝わります。

〈具体例〉

データ重視の相手：経営層やアナリストなど、データや事実にもとづいた説明を好む相手の場合は、統計データや具体的な事例を用いた説明が効果的です。

ストーリー重視の相手：共感性を大事にしている相手にはストーリーテリングを活用して感情に訴えるアプローチが有効です。

せっかちな相手：すぐに結論を知りたがる、長い説明はストレスに感じる――こんな人には、なるべくシンプルかつ少ない枚数の資料がよいでしょう。

②知識（Knowledge）

〈概要〉

相手の知識レベルを把握し、それに応じた内容を提供することで、資料による納得感を高めることができます。知識レベルが低い場合は基本的な概念から説明し、知識レベルが高い場合は詳細な情報を提供します。

〈具体例〉

新入社員対象の営業勉強会資料：新入社員向けの営業勉強会資料では、基本概念や用語の説明から丁寧に行ないます。

ベテラン対象の営業勉強会資料：ベテラン向けの営業勉強会資料では、専門用語は補足なしで説明し、より詳細な情報や具体的な事例など、深い知識を提供します。

③興味／関心（Interest）

〈概要〉

相手の興味／関心を把握し、それに合わせた内容を提供することで、資料への関心を高めることができます。興味／関心は、業界や職種、個々の役割によって異なります。

〈具体例〉

人事部から社員向けの人事制度改定説明会：新しい制度が社員の評価や給与

にどのように影響するかを重点的に説明します。

人事部から経営層向けの人事制度改定説明会：制度改定が戦略実行にどのように寄与するか、コストにどのように影響するかなどを重点的に説明します。

④認識（Notions）

〈概要〉

相手の先入観や認識を理解し、それに対応したメッセージを発信することが重要です。これにより、抵抗感を減らして、メッセージの受容をうながすことができます。

〈具体例〉

会社業績に不安を持つ株主：業績不振リスクをまず説明し、問題なく戦略を実行できる体制を丁寧に伝えた上で戦略説明を行ないます。

業績に不安を持っていない株主：市場トレンドへの投資戦略を具体的に説明します。

⑤意見（Opinions）

〈概要〉

相手に今回の内容を伝えたときの反応や意見を予測し、それに応じた対策を講じることで、資料の効果を最大化します。これには、質問や反論への準備も含まれます。

〈具体例〉

社内の異動を伝える場合：反対が予想される場合は、会社の状況や異動の意義を丁寧に伝えます。

営業先の顧客から「価格が高い」という反応が予想される場合：価格以上のメリットを丁寧に伝えます。

図 03-02

聴き手を分析するためのSKINO（スキノ）分析

Style 性格	✓ 聞き手はせっかち？　じっくり理解したい人？ ✓ 聞き手は論理性を大事にする？　気持ちを大事にする？
Knowledge 知識	✓ 聞き手が持っている前提知識はどれくらい？ ✓ 聞き手はどこまでの専門性を持っている？
Interest 興味／関心	✓ 聞き手が興味／関心のあることはどんなこと？ ✓ 聞き手が気にしていることはどんなこと？
Notions 認識	✓ 聞き手がすでに認識をしている事実は？ ✓ 聞き手が持っている前提となる認識は？
Opinions 意見	✓ 伝える内容についての聞き手の意見はどのようなもの？ ✓ 聞き手はどんな反論や反応をしてきそう？

なぜ多くの人はゴール設定を怠るのか？

ここまでゴール設定と相手を分析することの重要性について述べてきました。皆さんのほとんどは、社会人になってから「ゴール設定が大事」「目的が大事」と繰り返し聞いているはずです。それにもかかわらず、いざ資料を作るとなると、ゴールを設定することなしに、いきなりボディの中身から考えてしまったり、メッセージから考え始めてしまう人がたくさんいます。

また、相手の分析をおろそかにする人も少なくありません。相手が変われば資料の中身も変わるのは当然です。「相手はこれを知っているはず」などという自分の勝手な思い込みで資料を作ってしまっては、目的を果たせないことがあります。

このように、客観的に見れば、最初に目的・ゴールを考えるべきなのに、それを考えられない人が多いのはなぜでしょうか？

それは人間の脳の構造と思考の癖が影響しています。

①人間の脳の構造

人間の脳にとっては「考える」という行為自体が負担であり、効率的に物事を処理するための行動を無意識のうちにとる傾向があります。そのため、ゴール設定やスタートの分析という根本的な部分を飛ばしてしまうのです。

②思考の癖

周囲から「このアイデアの目的は何ですか？」「この提案は相手にとって何がうれしいのですか？」「この企画のリスクサイドはしっかり確認しましたか？」といった指摘を受ける際には、この思考の癖が悪さをしているケースが大半です。

「目的を考えよう」「相手目線で考えよう」ということは皆さんも知識としてはご存じのはずです。

“わかっていてもいざ実行すると難しい”のが思考の癖の特徴です。今までの人生経験の中で形成された「How（どのようにやるか）から考える」「この場面ではこう伝えていれば大丈夫」という思考の癖が、ゴール設定をあと回しにしたり、スタート分析をおざなりにしてしまうのです。

特に、思考の癖は資料作成のベースとなる思考力に大きく影響することなので詳しく解説をします。

思考の癖とは？

まず、「癖」という言葉について考えてみましょう。癖とは、私たちが無意識に繰り返してしまう行動や思考のパターン、習慣を指します。皆さんにも「癖」という言葉はなじみがあると思います。たとえば、「あの人はこういう口癖がある」「あの人はこんな行動の癖がある」といった具合に、私たちは日常的に癖について話しています。

良い癖、悪い癖

そもそも癖があること自体は悪いことではありません。先述の通り、そもそも人間の脳にとっては「考える」行為自体が負担になります。効率的に物事を処理するために、神経細胞間のシナプス接続が強化され、特定の思考や行動のトリガー（引き金）が引かれると、考えることなしに自動的に処理できるようになっています。

たとえば、「仕事を始めるときに（トリガー）、コーヒーを飲む」「朝起きたら（トリガー）、歯磨きをする」などです。

毎朝、起きるたびに「今日は歯を磨くべきなのか？　否か？」などと考えていたら、大変まどろっこしいですよね。癖（＝習慣、傾向）は、必要な行動を効率良く行なうために人間が持つ能力の１つです。

早起きする癖、人の話に相づちを打つ癖などは、良い癖といえるでしょうが、一方で悪い癖もあります。「時間が空くと（トリガー）、すぐにスマホを触ってしまう癖」「夕食を食べ終えたら（トリガー）、アイスクリームなどカロリーの高いデザートを食べてしまう癖」などです。

これらの**悪い癖は、私たちの行動や成果を妨げることがあります。**

思考の癖がビジネスに与える影響

同様に、思考にも「癖」が存在します。

ビジネスにおいても「悪い思考の癖」が成果創出を阻んでしまうのです。たとえば次のようなケースです。

・**企画を考えるとき：**企画の目的から外れたアイデアばかり考えてしまう
・**営業で提案するとき：**相手のニーズではなく、自分が言いたいことを中心に話してしまう
・**企画を提案するとき：**ポジティブな側面だけを取り上げて、リスクを見落としてしまう

思考の癖はビジネスの成果に大きな影響を与えるため、早急に"癖の矯正"を行なうことが求められます。

思考の癖の厄介さ

ただ、いざ思考の癖を矯正しようにも、実現するのは簡単ではありません。思考の癖が厄介なのは「目に見えない」ことです。行動の癖（スマホを触るなど）は周囲から指摘されやすいですが、思考の癖は頭の中の活動であるため周囲の人から気づかれにくく、また無意識下の行ないであるため自分でも認識しづらいのです。

さらに、思考の癖は長期間にわたって形成されたため、簡単に変えることができません。私たちは生まれて物心がついた頃から「考える」ことを続けており、その結果、シナプスの結合が非常に強化されています。これにより、思考の癖は長い時間をかけて脳内にしっかりと根づいています。そのため、解消するのが難しいのです。

また、思考の癖はその発生回数が桁違いに多いのも特徴的です。

たとえば、歯磨きは1日に2～3回程度ですが、「考える」ことは1日中ずっと行なっています（一説によると数万回）。これにより、思考の癖は強固になりやすいのです。

では、思考の癖を矯正するためにはどうすればよいのでしょうか？

思考の癖を矯正するための5つのステップ

思考の癖を矯正するためのプロセスは次の5つのステップに分けられます。

①アウトプットする（問題箇所を特定する）

まずはアウトプットを行ないます。

ゴルフを例に解説します。ゴルフでは、実際にボールを打ち、その飛び方を確認します。この場合のアウトプットとは、成果（ボールの飛んだ場所）が目に見えることであり、成果を見ることで初めて違和感に気づけます。素振りだけでは癖には気づきにくいです。ショットを打ってみて、目標に到達したのか、意図通りにボールが飛んだのかを確認することで、自身の癖に気づきやすくなります。

②仮説を洗い出す

次に、アウトプットを手掛かりに、癖の仮説を洗い出します。

たとえば、ショットによるボールが思ったより左にずれていた場合、なぜ左に飛んだのかということについて仮説を立てます。

- クラブの面が左に向きすぎているかもしれない
- ショットを打つときに体重が前に移りすぎているかもしれない
- 下半身をうまく支えておらず、手打ちになってしまっているかもしれない

仮説を立てる際には、曖昧に終わらせないように、丁寧に言語化することが重要です。そうすることで、癖を認識しやすくなります。

③自分自身との対話の中で分析し、問題となる癖を特定する

仮説を洗い出したら、自分の状態と丁寧に照らし合わせて、癖の特定と深掘りを行ないます。

- クラブの面が左に向きすぎているかもしれない
  → 面は左には向いていない
- ショットを打つときに体重が前に移りすぎているかもしれない
  → 体重は前に移りすぎていない
- 下半身をうまく使えておらず、手打ちになってしまっているかもしれない
  → **これが原因**

このように、行動と照らし合わせることで原因となる癖を特定できます。さらに、「なぜこの癖が起こっているのか？」を深掘りすることで、より本質的な原因を見つけることができます。

④意識する言葉と場所を決める

矯正したい癖に対して、何を意識すべきかを決めます。ゴルフで言えば、「下半身を使う意識を持って……」「腰を回す意識を持って……」といったことを頭の中で考えていると思いますが、それをしっかり頭の中で言葉にして毎回確認します。できれば、それを意識するタイミングも習慣にするとよいでしょう（ゴルフだったら、初めのショットを打つときは毎回など）。

⑤反復練習する

最後に、その意識を繰り返し実践することで、癖を矯正していきます。反復することで、思考の癖は徐々に矯正され、より本質的な考え方が身につくようになります。

〈実例〉顧客との質疑応答での思考の癖

ここで私自身が思考の癖を矯正したときのことをお話しします。

私は、新卒で入社した会社で営業職に携わっていたときに「顧客からの質問を受けた際に、うまく答えられないこと」に悩んでいました。私が質問に答えても、いつも顧客は納得し切らない表情をしており、顧客との信頼関係をうまく構築できなかったのです。この状況を打破するために、思考の癖の矯正プロセスを活用しました。

①アウトプットする（問題箇所を特定する）

顧客の質問に答える場面は営業職であれば日常的にあります。常に結果の良し悪しが問われる“アウトプット”をヒントに問題を特定していくことから始めましょう。ただし、**アウトプットが良くない状態に気づくには、メタ認識が必要**です。そのため、商談のあとに振り返りを行なうことが重要です。ヒアリング、プレゼンテーション、質疑応答のフェーズごとに振り返りを行ないます。

自分で気づけない場合は、周囲の力を借りることが有効です。**「先輩に同行してもらいフィードバックを受ける」「オンライン商談の録画を見直す」**など、アウトプットの改善点に気づく手段を活用しましょう。

今回の例では、質問にうまく答えられず、顧客が納得していない様子だったことがヒントになりました。この結果をもとに、自身の癖に対する対話を始めます。

②アウトプットから癖の仮説を洗い出す

次に、アウトプットをもとに癖の仮説を洗い出します。

仮説としては、次のようなことが考えられます。

・顧客の質問をしっかり理解できていない
・質問は理解できたが、知識が不足していた
・知識はあったが、焦ってしまい、しっかり考えずに回答してしまった

仮説を出す際には、「分解」を活用することが有効です。分解は、問題を具体的な要素に分けて考えることで、改善点を明確にするアプローチです。

たとえば、「プレゼンテーションがうまくいかなかった」という問題を「聞き手の関心を引けなかった」「資料の構成が複雑すぎた」「時間配分が不適切だった」などに分解し、それぞれをさらに細分化して考えます。これにより、問題の核心に迫り、具体的な改善点を見つけることができます。

分解の手法には、層別分解、変数分解、プロセス分解などがあります。

1. 層別分解

内容別に分けて分析する手法です。どのパートがしっかり伝わったか、ど

のパートが伝わらなかったかを分析し、改善すべき点を見つけます。

2. 変数分解

成果に影響を与える変数に分解し、どの要素が結果に最も影響を与えたかを特定します。

3. プロセス分解

結果に至るまでのプロセスを段階的に分解し、問題が生じた段階を分析します。

分解を活用することで、問題を具体的な要素に分けて考え、改善点を明確にすることができます。

③自分自身との対話の中で分析し、問題となる癖を特定する

仮説を洗い出したあと、丁寧に自分の状態と照らし合わせ、癖の特定と深掘りを行ないます。

・顧客の質問をしっかり理解できていない
　→　質問自体は理解できていた
・質問は理解できたが、知識が不足していた
　→　知識は十分にあった
・知識はあったが、焦ってしまい、しっかり考えずに回答してしまった
　→　**これが問題**

このように、行動と照らし合わせることで原因となる癖を特定できます。さらに、「なぜ顧客に質問されると焦ってしまうのか？」という問いに向き合い、表面的な分析だけでなく、根本的な原因まで深掘りすることが重要です。

表面的な分析では「早く答えないといけないと思った」などになるわけで

すが、それに対して「なぜ？」を繰り返していくと、「自分が無知だと思われたくない」というムダなプライドがあったことに気づきました。このように**根本にある認識や原因まで特定できれば、癖を矯正しやすくなります。**

④意識する言葉と場所を決める

矯正したい癖に対して、何を意識すべきかを決めます。

たとえば、顧客に質問をされたときに「まず顧客の質問を理解するように努めよう」「顧客の質問が理解できていなかったら再度質問しよう」「顧客の質問がしっかり確認できているかどうかを捉えるために、『ご質問いただいたのは○○ということですか？』と確認をしよう」などを決めることで癖を矯正しやすくなります。

⑤癖がなくなるように反復練習する

最後に、その意識を繰り返し実践することで、癖を矯正していきます。反復することで、思考の癖は徐々に矯正され、より本質的な考え方ができるようになってきます。

癖が完全になくなったように感じても、**定期的なメンテナンスが不可欠**です。1つの思考の癖を矯正できたら、次の思考の癖に向き合いましょう。

たとえば、「自分は目的を忘れる癖があるな」と気づいたら、「企画を始めるときには、初めにゴールを確認しているかを確認しよう」などと、意識し続けましょう。

→ 第 3 章のまとめ

第 3 章では資料作成におけるゴール設定の重要性とプロセス、具体的なゴールの定義方法、そして聞き手の分析について解説しました。
聞き手分析においては「SKINO」フレームワークをご紹介しました。
最後に、ゴール設定とスタート地点の分析がうまくできない理由として「思考の癖」の影響についても触れました。
癖を矯正するための具体的な方法を頼りに、本質的な思考プロセスを踏めるようトレーニングしていきましょう。
次の章からはいよいよ中身の作成に入っていきます。

第4章

メッセージの作り方

―― 伝えたい内容や主張を簡潔かつ明確に表現する

第 3 章では、資料を作成する前のゴール設定の

重要性と方法について解説しました。

ゴールと現状（スタート地点）のギャップを特定できたら、

そのギャップを埋めるための中身を考えます。

この章では、「人を動かす」ために必要な

ピラミッドストラクチャー（論理の構造）、

「空→雨→傘」フレームワーク、

ストーリーラインについて具体的なステップとともに解説します。

資料作成におけるメッセージの重要性

資料作りを進める上で、すべての基本となるのは「明確なメッセージを作る」ことです。

ストーリーラインを考えるにせよ、ロジックが適切かを判断するにせよ、**そもそもメッセージが明確でなければ、考えたり、判断することはできません。**時おりメッセージがまったくなかったり、メッセージが曖昧でタイトルとグラフしか載っていないようなスライドを見ることがあります。

たとえば、次のようなスライドです 図04-01 。

図04-01

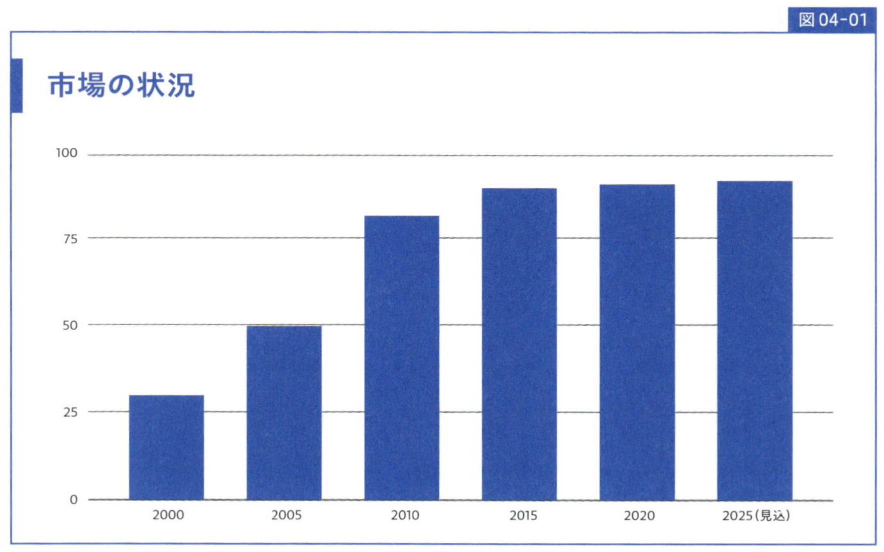

資料の作り手は、このグラフから何を伝えたいのでしょうか？

資料の作り手がグラフを見せても、「何を伝えたいのか」が曖昧であれば、相手にとってその資料はただの情報の羅列にすぎません。

たとえば、上記の資料においては「この市場は規模が大きく、成長性があるので参入する価値がある」と伝えたいのか？　それとも「成長はしているが、成長率が鈍化しているため参入のリスクが高い」と伝えたいのか？　意図が明確でなければ、相手はどちらの解釈をすべきか迷ってしまいます。

情報やデータの解釈は人それぞれで異なります。そのため、資料を作成するときには、まず自分が伝えたいメッセージを明確にすることが必要です。メッセージが不明確なままでは、相手は自分なりに解釈するので、場合によっては誤解が生じる可能性があります。これでは、意図した通りに相手を導くことは困難です。

また、明確なメッセージを伝えるためには、それを支える論理が必要です。**適切な根拠やデータがなければ、相手は「なぜこのメッセージが正しいのか」が理解できず、納得できません。**メッセージを裏づける強固なロジックがあって初めて、相手はその内容を信頼し、納得することができます。

このようなことは資料作りの基本ですが、往々にしてなおざりにされがちです。したがって、メッセージを明確にし、それを支えるロジックをしっかり構築することが、効果的な資料作成の第一歩であることを忘れないようにしましょう。

中身の作り込みにはステップがある

では、どのようにしてメッセージを作っていけばよいのでしょうか？

資料のメッセージを作るときには守るべき型があります。それは、**まず設定したゴールに到達するための全体のロジックを考えること、次にそのロジックをメッセージに分解すること、そして最後にストーリーラインに落とし込むこと**です 図04-02 。このときに決してやってはいけないのは、いきなりプレゼンテーションソフトのスライドを開いてメッセージを作り始めてしまうことです。

図04-02

質の高い中身を作るための3ステップ

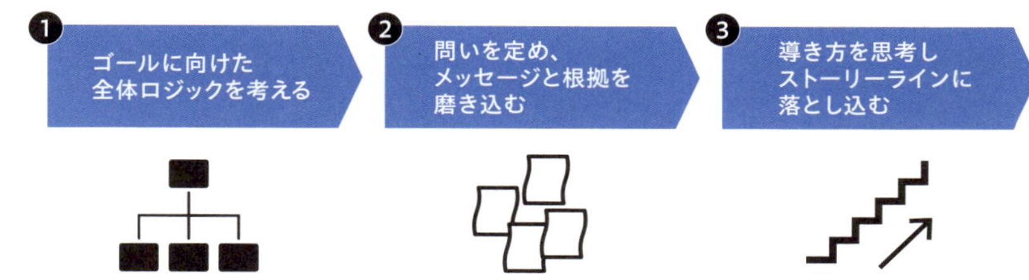
1
ゴールに向けた
全体ロジックを考える
2
問いを定め、
メッセージと根拠を
磨き込む
3
導き方を思考し
ストーリーラインに
落とし込む

資料を作る際には必ず順番を守る

➡いきなりスライドを開いてはいけません!

全体のロジックの重要性

伝えたいことの論理構造が甘いとどうなってしまうのでしょうか?

こんな人をよく見かけます。いきなり資料を持って来て「この企画をやるべきだ」とか、「この新規事業をやるべきだ」などと鼻息を荒くしながら大量の資料を作って提案をする人。もちろん、やる気があるのは素晴らしいことですが、話を聞いて疑問に思った点をぶつけてみると、芳しい答えが返ってきません。

「この企画は費用対効果が気になりますね。どうなっていますか?」
「それは……、まだ出せていません」
「この企画はなぜここまで費用をかけてやるべきなのですか?」
「それは……」

こんな会話になりがちです。

言いたいことを主張するための資料はたくさん用意されているのですが、全体のロジックが構造化されていないため、情報の抜け漏れがあったり、論理に飛躍があったりします。これでは、資料を作る目的である、「相手を動かす」ことは達成できません。

資料作りの恐ろしいところは、スライドをたくさん作っているうちに、「何だか、相手を説得できる気がしてくる」ことです。しかし、それは単なる幻想です。大事なのは資料の量ではなく、全体のロジックです。

- 相手を納得させるためには、何と何を伝える必要があるのだろうか？
- １つ１つの主張に対して、しっかりとした根拠があるのか？

こうしたことが土台として重要です。

ピラミッドストラクチャーを活用しよう

「最終的に伝えたいメインメッセージを支えるロジックが必要」と述べましたが、この土台のことを「ピラミッドストラクチャー（PS）」と呼びます。

ピラミッドストラクチャーでは、頂点に最も大きな主張（メインメッセージ）を置き、その下に主張を支える複数のサブメッセージを置きます。主張と根拠の上下関係の構造が三角形のように見えることからこのように呼ばれています 図 04-03 。

図 04-03

全体ロジックはピラミッドストラクチャーで可視化する

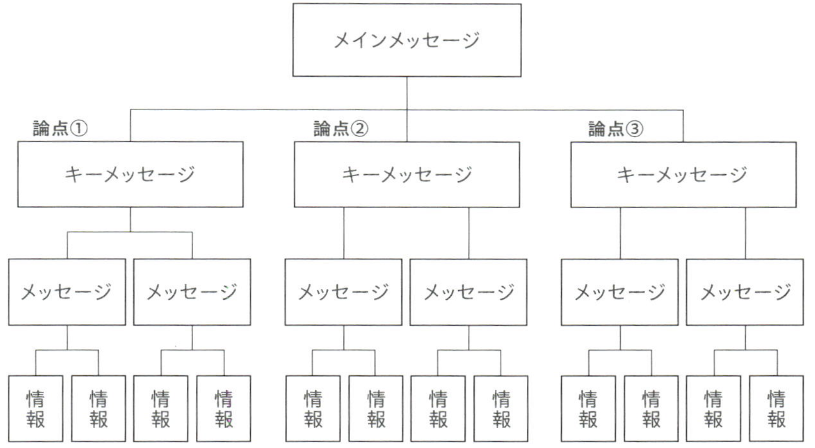

まずは伝えたいことを論理構造に落とし込む

ピラミッドストラクチャーと資料の関係についても確認しておきましょう。

資料の構成は、メッセージが連なって作られています。資料全体のメッセージをいくつかの章ごとのメッセージが支え、それらをさらにスライドごとのメッセージが支えるというピラミッド構造になっています 図 04-04 。

図 04-04

全体ロジックとメッセージの関係性

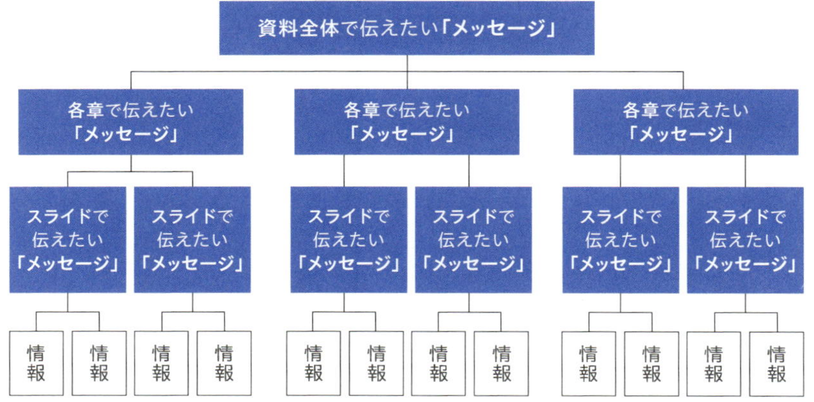

全体ロジックは複数の階層でメッセージ同士が「主張と根拠」の関係として構成される

つまり、スライドはこの分解されたメッセージとそれを支える情報を合わせたものといえます 図 04-05 。

図 04-05

全体ロジックとメッセージの関係性

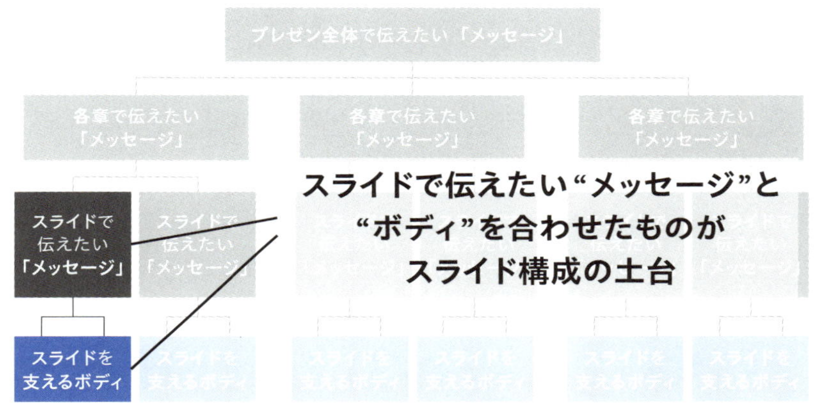

実際の具体例でいえば、次ページの 図04-06 のような形です。
「資料作成能力を身につけるべき」というメインメッセージを、「仕事の成果が出る」「仕事が早く終わる」「仕事が楽しくなる」という複数のサブメッセージで支えながら、さらにその下を各サブメッセージで支えるという形で各スライドが存在します。

このように全体のメッセージを構造化することは、スライドを作る上では欠かせないことなので、必ず意識してください。

図04-06

参考例：資料作成能力を身につけてほしい！

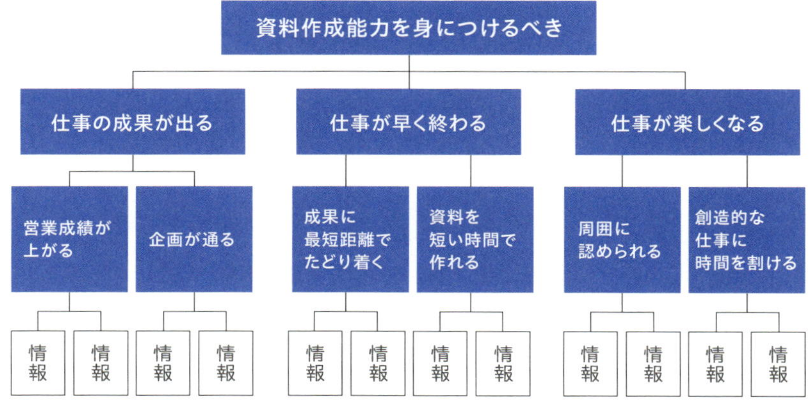

全体のメッセージを構造化することで伝えることが明確に

ピラミッドストラクチャーを作っておけば、資料作成だけでなく、議事録や論文などにも応用できます。ぜひマスターしてください。

また、全体の論理構造を考える際には、スライドよりも紙とペンを使うことをおすすめします。スライド作成は最終形が見やすい半面、プレゼンテーションソフトの操作に時間がかかるため、最初は紙とペンを使って作るほうが効率的です 図04-07 。

図 04-07

構造化は伝える手段のすべての土台に

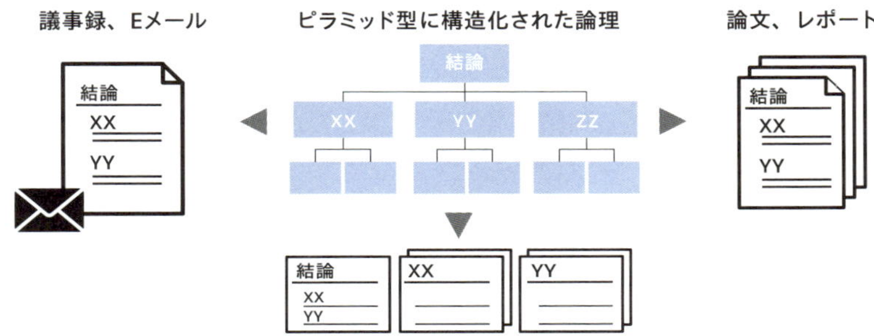

論理構造と展開が頭の中でピラミッド型に構造化されていると、
そのままあらゆる表現形式に落とし込むことができる

ちなみに私は、次の要領で作っています。

まずピラミッドストラクチャーを作ってみて、「説得したい相手から見たときに説得力があるかな？」と意識しながら、ブラッシュアップしています。

現在、私は社内の新規事業の責任者を務めていますが、一時期、事業がうまくいかず、「撤退すべきではないか」という議論になったことがあります。

その際にはピラミッドストラクチャーを何度も確認し、修正を重ねました。この繰り返しによって強固な論理構造を作り上げることができ、結果として説得力のある資料を完成させることができ、事業を継続させることができました 図 04-08 。

図 04-08

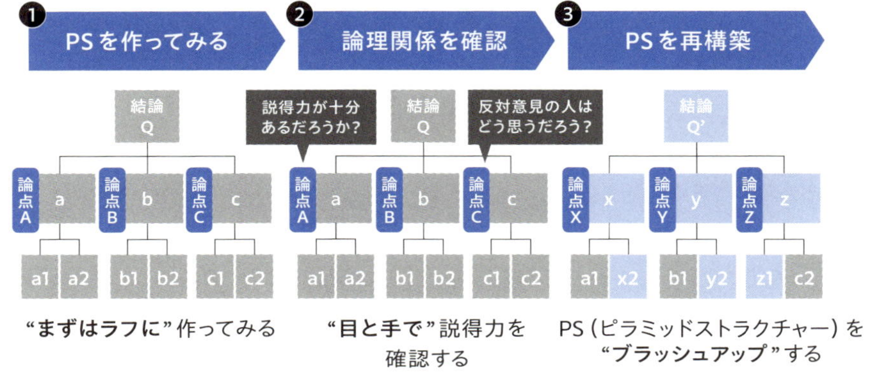

次からは、２つ目のステップに移ります。

相手の視点で問いを考え抜き、メッセージとそれを支える根拠を研ぎ澄まします。具体的な手順については、後述します。まずはメッセージを考える演習問題に取り組んでみましょう。

〈練習〉お菓子メーカーB社

ここで、例題を使ってメッセージを作る練習をしてみましょう。

【例題】

あなたはお菓子メーカーB社の経営戦略部部長です。

商品開発力を武器に国内で圧倒的なシェアを獲得しているB社は海外展

開を進めています。人口が伸びてきているX国への参入を検討しています。

次のスライドを見てメッセージを練ってみましょう 図04-09 。

図04-09

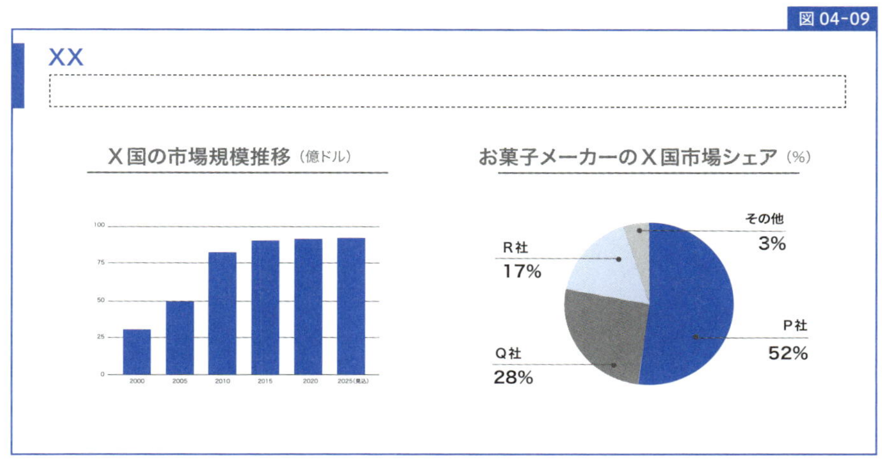

「X国の市場規模推移」「お菓子メーカーのX国市場シェア」という2つの情報が示されているだけです。メッセージがありません。

見せられた側は「それで、われわれはどうしたらよいの？」とか「それは見ればわかるけれど……」などと思わないでしょうか。

つまり、資料にはメッセージが必要だということです。スライドにメッセージがない場合、相手は同じ情報からさまざまな解釈をしてしまいます。複数の相手がいたら、その数だけ解釈が発生します。ですから、最初に伝えたいメッセージを明確に打ち出す必要があります。

では、この場合、どのようなメッセージを打ち出したらよいでしょうか？

考えてみてください。

たとえば、「市場は成熟して、寡占化が進んでいる」と言えるかもしれません 図04-10 。

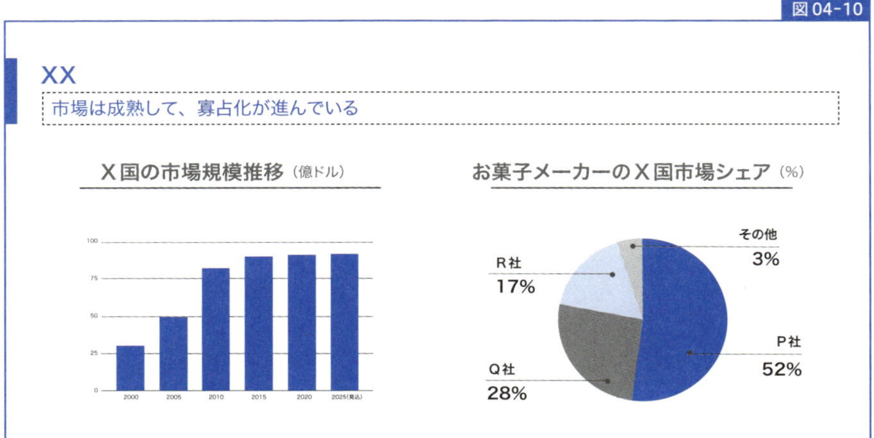

しかし、このメッセージを見て「見ればわかるよ」と感じるのも事実です。情報を見れば誰でもわかる実況中継的なメッセージでは不十分です。抽象的で解釈の幅が広すぎるため、具体的なメッセージを考える必要があります。

特に現代は情報社会です。どのような情報も比較的、簡単に集めることができます。だからこそ、同じ情報の中でも「どのようなメッセージを打ち出すのか」がとても重要になります。これはビジネスパーソンとして差がつく部分なので、より強く意識しましょう。

価値のあるメッセージを作るために重要なのが「問い」です。「何を伝えるべきか」という明確な問いを立て、それに対する答えを導くことが意味のあるメッセージにつながります。

今回の場面設定からは、たとえば次のような問いが浮かぶかもしれません。

- X国の市場は魅力的か？
- X国への市場参入のチャンスはあるか？
- X国への市場参入においてベンチマークすべき競合はどこか？

また、「X国への市場参入のチャンスはあるか？」という問いに答えるなら、

「市場は成熟し、寡占化されている。市場成功にはブランド認知が必要ゆえに新規参入の障壁は高い」というメッセージになるかもしれません 図 04-11 。

図 04-11

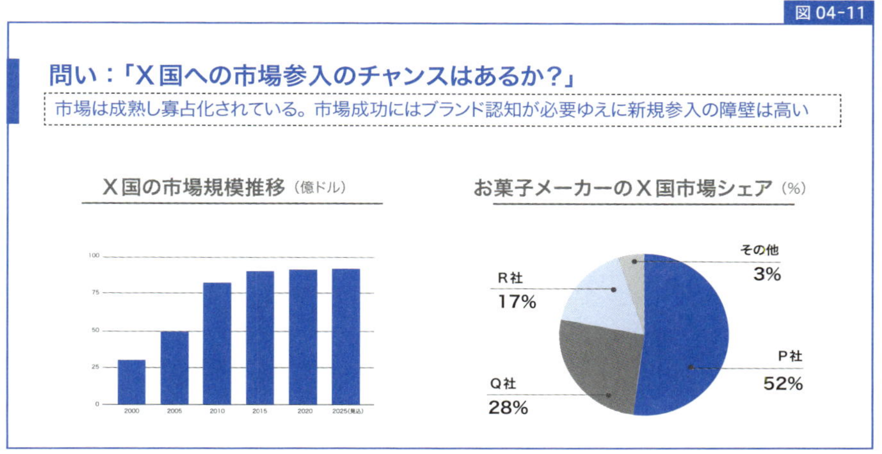

あるいは、「X国の市場参入においてベンチマークすべき競合はどこか？」という問いであればどうなるでしょうか？

「市場は成熟し、寡占化されている。市場リーダーの旨みは大きく、規模ナンバーワンのP社をベンチマークすべき」と言えるかもしれません。

つまり、メッセージ作りにおいて重要なのは、「問いが相手の疑問に答えられているか」です。相手の関心や意見から出てくる問いをしっかりと押さえた上でメッセージを研ぎ澄ませることが重要です。

たとえば、資料を見せる相手が「X国への市場参入のチャンスがあるか？」ではなく、「そもそもX国に市場があるのか？」を気にしている場合、「X国への市場参入はチャンスがあります！」と答えても意味がありません。

相手の問いに対して的外れな答えを返してしまうと、せっかく研ぎ澄ましたメッセージであっても無価値になります。価値のあるメッセージかどうかの一丁目一番地は、相手の問いにきちんと答えているかどうかです。

では、どのように相手の問いを考えていけばよいのでしょうか？

相手の視点で問いを考え抜く

相手の視点を考慮し、彼らが持つであろう疑問や質問を先回りして検討することは極めて重要です。私たちは資料を作成する際、つい自分が伝えたい内容を中心に構成を決めがちです。特に、自分の主張が強い人ほど、その傾向が顕著になります。

しかし、資料作成の最終的な目的は、相手に理解してもらい、行動をうながすことです。そのためには、**自分の視点から考えるのではなく、「相手がどのような疑問を持つか？　それに対してどのように答えるか」を第一に考える必要があります。**（50ページで解説したSKINOの観点を参考にしてください。）

確かに、最初に「伝えたいこと」の全体像を作ることは必要ですが、それをそのまま資料にしても効果的ではありません。相手の関心を踏まえて、問いを見極め、必要なロジックを組み立てたり、メッセージを修正することで相手に伝えたいことを的確に届けられるようになります。

自分が伝えたいことをいったん封印して、相手の立場に立って「何に答えるべきか」を真剣に考えることが、効果的な資料作成の鍵になります。

問題解決の流れをベースに問いを洗い出し、絞り込む

相手の視点で問いを考えるのは難しい課題です。そのため、いきなり相手の視点に立とうとしても、どこから手をつけるべきかわからなくなることがあります。このような場合には、相手の状態を「問題解決の流れ」に沿って考えることが効果的です。問題解決の流れは次の4つのステップにもとづいています。

1. 問題の明確化（何が問題か？）
2. 問題箇所の特定・要因の把握（どこが問題か？　なぜ問題が発生するのか？）
3. 解決策の立案（どうやって解決するか？）
4. 解決策の実行（解決策をどのように実行するか？）

ビジネスの現場では、このように問題を分析し、解決策を見つけ、それを実行するプロセスが不可欠です。同様に、資料作成においても、この流れをもとにして相手の疑問や状態を整理し、効果的な問いを洗い出すことが可能です。

〈具体的な手順〉

①問題解決の流れで相手の状態をチェックする

まず「問題解決の流れ」をもとに、相手が現在どのような状態にあるのかを確認します。具体的には、それぞれのステップに対して、「相手は今どの段階にいるのか？」を考えます。

たとえば、「どの部分をすでに理解しているか」「どこに関心があるか」「より詳細に知りたい部分はどこか」などを丁寧に確認していきます。

②相手にとっての疑問・質問を洗い出す

次に、問題解決の流れに沿って把握した相手の状態を踏まえ、彼らが抱くであろう疑問や質問をリストアップします。この際、自分の視点をいったん脇に置き、相手の立場に立って「彼らが本当に知りたいこと」を考えることが重要です。

また、**「判断を左右する問い」**に注目することも重要です。単に相手が知りたそうな情報や状況説明に終始するのではなく、相手の意思決定や行動に直結する「真の問い」を見極めることが大切です。

たとえば、「市場規模は200億円」という事実よりも、「この市場は自社が参入する価値があるのか？」という問いこそが真に重要です。

③重要な問いを絞り込む

洗い出した問いの中から、特に重要なものを選び、今回の資料で答えるべき問いを絞り込みます。このとき、相手の「認識」「意見」「感情」を考慮し、**「どの認識の壁を超えてもらう必要があるのか」**を特定します。優先順位の低い問いについては、余裕があれば触れる程度にとどめ、主要な問いに集中するようにします。

周囲の意見を取り入れることも、相手の視点で問いを絞り込む上で有効です。たとえば、同僚やチームメンバーに「相手の立場だったら何が気になるか」を尋ねることで、より多角的な視点から問いを洗い出すことができるでしょう。そこまで問いを明確にしてやっと、メッセージを作ることができるのです。

では、問いが明確になったところで、メッセージを作っていきましょう。

相手の問いに答えるメッセージを決める

前段で見極めた「相手の問い」に対する「答え」を、明確な「メッセージ」として定義します。

たとえば、「X国において市場参入においてベンチマークすべき競合は？」という問いに対して、「市場は成熟し、寡占化されている。リーダーの旨みは大きく、規模ナンバーワンのP社をベンチマークすべき」というメッセージが考えられます 図04-12 。

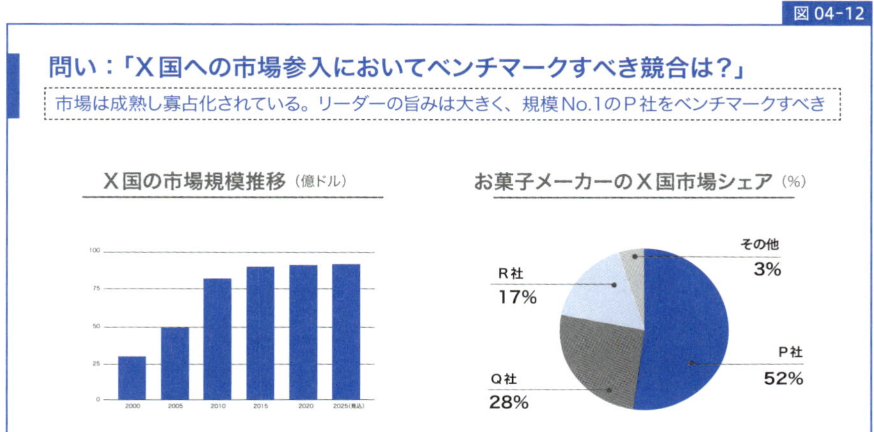

ここまで頂点のメッセージが明確になれば、それを支える情報は、どのようなものにすべきなのかが明確になります 図 04-13 。

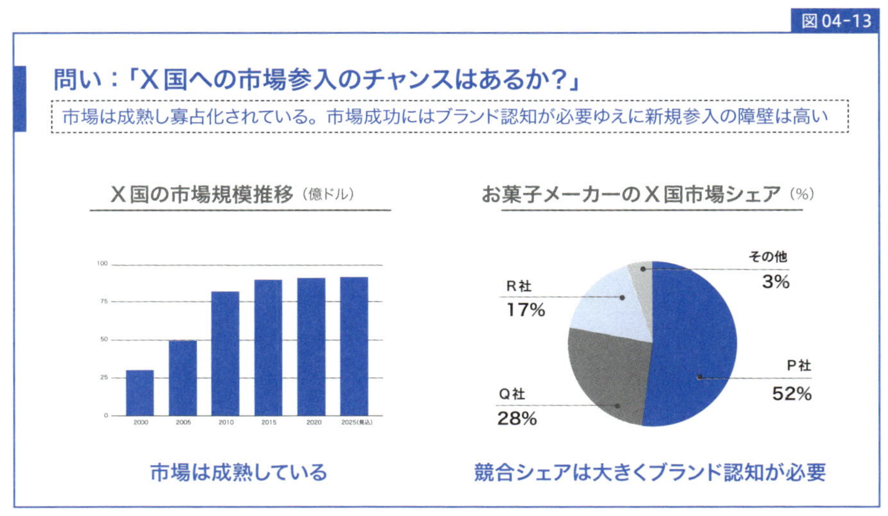

ここでは、言いたいメッセージをしっかりと伝えることが重要です。「言えることを探そう」という姿勢では、相手に届くメッセージや自分が目指しているゴールに辿り着けないことがあります。

たとえば、「X国への市場参入のチャンスはあるか？」という問いに対しては、「市場は成熟している」といった答えでは不十分です。「市場は成熟期を迎えている。大手が安住しているなら、商品開発力のある自社にもチャンスがある」と言い切れるとよいでしょう 図04-14。

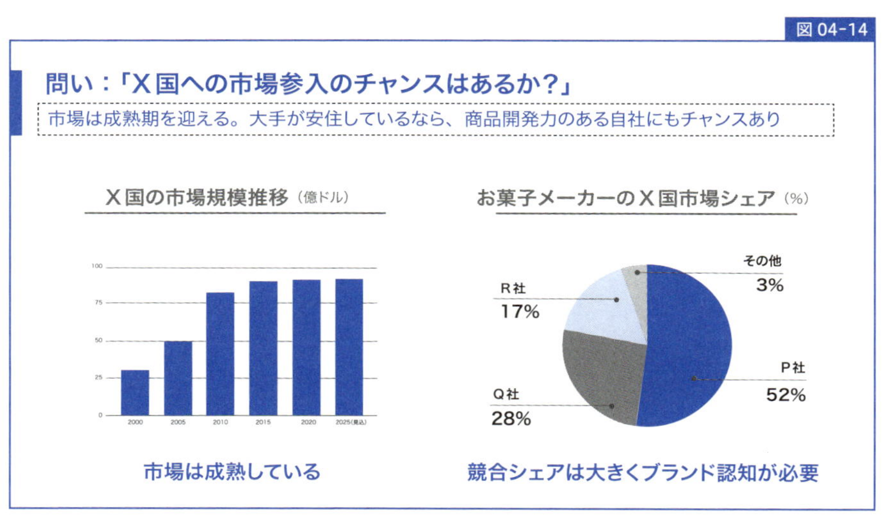

メッセージは次の要件を満たす必要があります。

・相手の「問い」に的確に答えること

相手の疑問や質問にダイレクトに答えます。不要な情報や関連性の薄い内容を排除します。

・相手が誤解なく理解できること

主部と述部を明確にし、文章としての意味をはっきりさせましょう。1つのメッセージで1つのことを伝えるようにします。複数の事項を同時に伝えようとしてはいけません。

・具体的であること

抽象的な表現に終始せず、「何が、どのように、どの程度なのか」を明確にしましょう。相手が具体的な行動イメージを持てるような表現を心がけます。

・相手に新たな発見や示唆を与えること

相手がすでに知っている情報にとどまらず、プレゼンテーションの目的に合致した新しい視点を提供します。

これらの要件は一見すると当たり前に思えますが、実際には、明確なメッセージを欠いたプレゼンテーションが多いのが現状です。

たとえば、「X国の市場分析」とだけタイトルがあり、データを羅列して終わるプレゼンテーションをよく見かけます。これは、問いに対する明確な答えがないまま、内容を漠然と考えたり、資料を作成してしまう典型的な例です。こうした失敗を避けるためにも、**「相手の視点で問いを徹底的に考え抜く」、そして「その問いに対して明確に答える」と意識することが重要です。**

特に日本語の場合、「主部と述部を持ち、文章としての意味が明確になっているか」に注意が必要です。

たとえば、「わが社の組織的な問題」と体言止めになっていては、「問題がある」のか「問題が深刻だ」なのかが曖昧です。資料を作成するときに体言止めを使うことは多々ありますが、プレゼンテーションの内容を考えるときは、明確なメッセージを言語化する癖をつけるべきです。

メッセージを支えるロジックを固める

メッセージを尖らせれば尖らせるほど、根拠もしっかりと見直さなければなりません。論理が成立するには、相手がこのメッセージに納得してくれるためにどんな情報が必要かを考え、根拠となる情報を補充していくことが重要です。

メッセージをしっかり支えるためには、次のポイントを押さえたロジックが必要です。

- メッセージを支えるための論点が漏れなく含まれていること
- 各論点に対するサブメッセージが、その下層の情報から論理的に正しく導かれていること
- サブメッセージを支える情報が正確であること
- サブメッセージからメッセージが論理的に正しく導かれていること

特に次の２つのポイントに注意を払うとよいでしょう。

・相手にとってわかりやすいロジックを構築する

論理的に正しいだけでは十分ではありません。相手にとって理解しやすいロジックであるかどうかを考慮し、論理展開を工夫することが重要です。

・相手に納得してもらうために必要十分なロジックを用意する

通常のコミュニケーションでは、相手がすでに知っている前提や情報はしばしば省略されますが、プレゼンテーションではロジックを省略せず、主張を支える根拠をしっかり洗い出すことが大切です。

特に、自分とは異なる背景や立場にいる相手に対しては、普段よりも丁寧に根拠を用意し、説明を省略しないようにします。先ほどの例に照らせば、他国でのお菓子市場の規模や成長カーブ、競合のＰ社、Ｑ社、Ｒ社の新商

品投入数、顧客の満足度調査などを追加することで、論理を成立させることが可能です。

その結果、次のような資料に作り変えることもできます 図04-15 。

図04-15

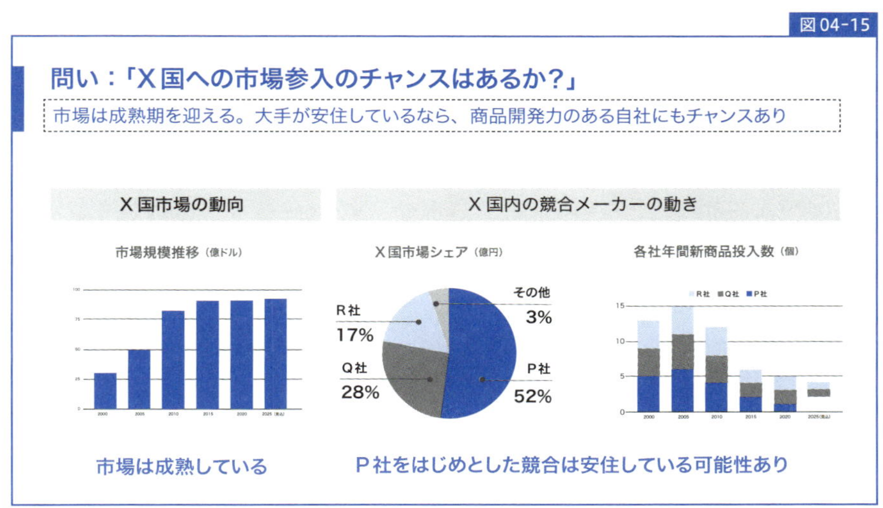

これらを踏まえたメッセージを作る上でのまとめです。

- メッセージを作る上では、問いが極めて重要になる
- 問いを立てる上では、問題解決のプロセスを参考にする
- 問いを立てる際には、相手のSKINO分析にもとづいた問いになっているかを確認する
- メッセージを明確かつ具体的に出すために「言えることだけを言う」のではなく、問いに対して、自分の伝えたいメッセージのために徹底的に考え抜く
- 問いを立て、メッセージを出し、ボディで論理を支えることを繰り返し考える

ストーリーラインで相手を引きつけ誘導する

次に「ストーリーライン」について解説します。

ストーリーラインとは、相手が理解しやすいように順序立てられたメッセージの流れのことです。あるいは「結論にいたるメッセージの流れ」「相手の認識・思考を誘導する話の流れ」などと言い換えてもよいかもしれません。

各メッセージに対して、「相手が次に聞きたくなること」や「相手が問いかけるであろう疑問」に順番に答える形で、メッセージの流れを組み立てることが求められます。これらをプレゼン全体、および「まとまり」ごとに考えることが重要です。

ストーリーラインの重要性

資料作成においては、内容だけでなく、伝える順番が極めて重要です。**同じ内容でも、伝える順番が異なれば、相手に与える印象が大きく変わる**可能性があります。

たとえば、問題の認識がない相手や初対面の相手に対して解決策から説明しても、何について話しているのか理解されないでしょう。一方、すでに問題意識が共有されている相手に詳細な背景から順番に説明すると、話が冗長に感じられ、苛立ちを招く可能性があります。

そのため、相手に合わせてどのように伝えるかを考え、内容の伝え方を工夫することが求められます。

具体的に、ストーリーラインが必要な理由は主に3つあります 図04-16 。

①人はそもそも興味がない話は聞かない

・その話は自分にとって大事な話なのか？（重要性）
・その話は自分が聞いて理解する必要があるのか？（必要性）
・その話を聞くことで、自分にメリットはあるのか？（有効性）

②それぞれの話の「位置づけ」がわからなくなって、「話が見えない」

・「何のためにその話をしているのか？」がわからない（今回のテーマや各主張との関係がわからない）
・それはどこの話なのか？(全体の中での位置づけ＝粒度、前後との関係など)がわからない
・前の話から「当然に予想される論点・結論」と違う話が出てきて混乱する

③話が進むにつれて「何の話だったか？」を忘れてしまう

・人の脳の構造は、複雑な話を聞きながら内容を整理して理解できるほど優れていない

図 04-16

ストーリーラインの重要性

ストーリーラインがないと……

興味が湧かない

【重要性】 大事な話なの？
【必要性】 理解する必要があるの？
【有効性】 自分にメリットあるの？

話が理解できない

【目的と主張】 目的がわからない
【構造】 全体の位置づけが理解できない

忘れてしまう

何の話だっけ？
結論だけしか覚えていない…

ストーリーラインがあると……

興味が持続する

重要な話のようだ
自分に必要な話だな
メリットもしっかりあるな

話が理解しやすい

情報がしっかり入ってくる
スッと話が入ってくる

記憶を助ける

記憶に残る話だな
要約やポイントがわかるので記憶できる

ストーリーラインがあるかどうかで、目的である「人を動かす」の成果が大きく変わります。特に長い資料の場合、ストーリーラインがないと相手は興味が湧かず、理解しづらいと感じる上、話すそばから前の内容を忘れてしまいます。

それ対してストーリーラインがあれば、聞きたくなりますし、理解しやすくなります。また、話の全体を覚えやすくなります。

では、ストーリーラインはどのように構築していけばよいのでしょうか？

相手の「持っている認識」「持っている知識や情報」「関心事」「テーマに関する意見」に合わせて、話の出発点、力点、順番を調整しながら、ストーリーラインを組み立てていきます。

結論から逆算し、相手が理解・納得するために必要な論点を構築します。結論に納得する前に、どの論点についてどのように納得していく必要があるかを考え、自然な流れになっているかをチェックします 図04-17 。

図04-17

ストーリーラインとは思考の誘導（サポート）

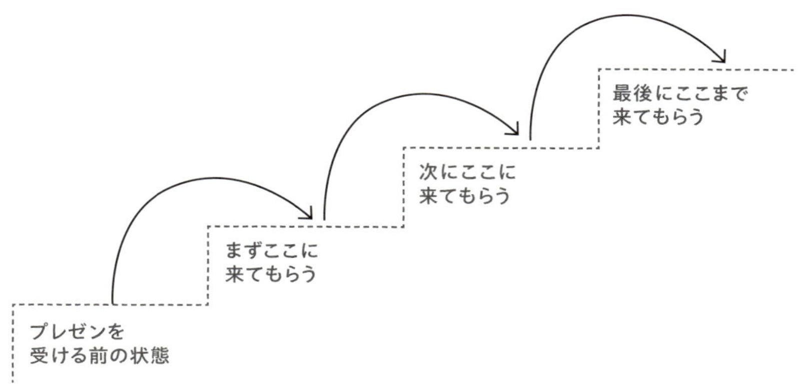

聞き手を、最短距離で、
最終的に理解・納得してほしいところに導く流れを考える

そのときに大事なことは次の２点です 図04-18 。

１つ目はタイミング。できるだけ早く相手が知りたいことを伝えることです。

２つ目が重みづけ。相手が知りたいことに時間を割いてください。

1. 相手の知りたいことに「早く」答える

相手の関心や知りたいことに早く到達する流れを考えます。論理的な流れに沿って話を進めることは重要ですが、相手の関心に対して迅速かつ的確に答えることが求められます。

2. 相手が気になることに「厚く」答える

相手が最も知りたい部分には重点的に説明し、そのほかの部分の説明は必要最低限に留めることも重要です。

図 04-18

ストーリーライン構築の際の2つのポイント

タイミング

相手が主に知りたいことに
できるだけ早く到達する

重みづけ

相手の関心が高いことに
たくさんの時間を割く

相手の知りたいことに「早く」答える

タイミングの重要性について考えてみましょう。

たとえば、問題に対する解決策を提案するときに、自分の頭で考えた順番で話してしまうと、相手にとって理解しづらいことがあります。

ある会社の営業チームでの事例を使って説明しましょう。あなたが「既存の標準営業資料を変えたい」と思ったとして、それを次のような順番で説明・提案したら、聞いた人たちはどう感じるでしょうか？

普段の営業で標準営業資料を使っていると、多くのお客さまからQ&Aが増えました。（事実）

そのため、標準提案資料を毎回リバイズして作り替えています。（事実）

これでは手間がかかり、ほかの営業メンバーも同様に修正しており、非効率です。（問題提起）

原因は標準提案資料に最新の事例や情報が載っていないことだと思います。（原因特定）

そこで、提案資料を変更することを提案します。（提案）

具体的にはXXを加え、四半期ごとに定期的に見直すことを提案します。（具体提案）

スケジュールは1カ月以内でフィックスさせたいと考えています。（スケジュール）

私が担当しますが、もう 1 人手伝ってくれる人を募集します。(提案 2)

今回の資料で問題があったのは、ページ XX とページ XX です。(原因特定 2)

この資料を YY に変更したいと思います。(提案 3)

ちなみに、マネージャーの許可も取っていますので、担当してくれる人は挙手をお願いします。(提案 4)

この順番だと、聞かされた人たちは「いったい結論は何なのか？」と感じるかもしれません。

このように、背景情報を丁寧に説明し、事実を時系列で説明してから最後に解決策を伝えるというアプローチでは、提案が通りにくく、理解すらされない可能性があります。

これを避けるために、**相手の関心が高い結論を先に伝え、そのほかの情報を補足情報として提供する**ことで、伝えるべきことがスムーズに伝わります。

たとえば、次のように説明するとよいでしょう 図 04-19 (次ページ)。

今回は標準営業資料のリバイズ提案をしたいと思います。(提案内容)

具体的にはページ XX とページ XX を修正し、YY を追加する変更を提案します。(具体的な提案内容)

また、四半期ごとに定期的に更新することを決めています。すでにマネージャーの許可を取っています。(具体的な提案内容)

今日の会議では、変更に対する懸念がないかどうか確認し、プロジェクトをリードするメンバーを 1 人募集します。(この会議でのお願い)

営業資料を変更する必要がある理由は２つあります。１つは、お客さまが知りたい情報が網羅されていないこと。もう１つは、最新情報が反映されていないことです。（問題共有）

実際に多くのお客さまから問い合わせがあり、ほかの営業メンバーからも同様の声が寄せられています。（問題の具体的な根拠）

この問題を解決することで、営業の効率が向上し、時間の節約につながります。（本質的な問題の共有）

プロジェクトは１カ月後までにフィックスさせる予定です。（スケジュール）

図 04-19

ポイント①タイミングの重要性

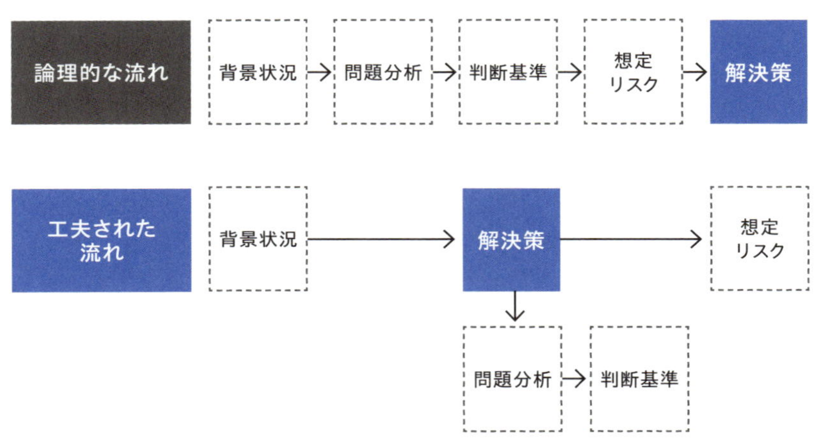

相手の知りたいことを先に伝える

どの部分に重点を置くか？

また、順番だけでなく、内容の重みづけも重要です。「自分が一生懸命考えた部分だから」といった理由だけでボリュームを増やしすぎないようにしましょう。**相手が理解する上で重要な部分に重点を置く**ことが大切です。

たとえば、あなたが健康ドリンクメーカーの法人営業担当者として大手ドラッグストアに提案するシーンを想像してください。大手ドラッグストアの売上を上げるための棚の配置や分量を提案することが重要です。しかし、その前段で業界分析を伝える際に、分析に時間をかけたからといって、その内容を過剰に盛り込むと、相手にとっては冗長になります。

情報の重みづけは、相手が理解しやすいようにコントロールしましょう。階段を1段ずつ登るように、相手が次に知りたくなることに合わせて情報を提供することが求められます。特に、どの階段の段差が最も登りづらいのかといった、階段の高さを考慮した上で、伝える分量を変えていくことが重要です 図04-20 (次ページ)。

図04-20

ポイント②分量の重要性

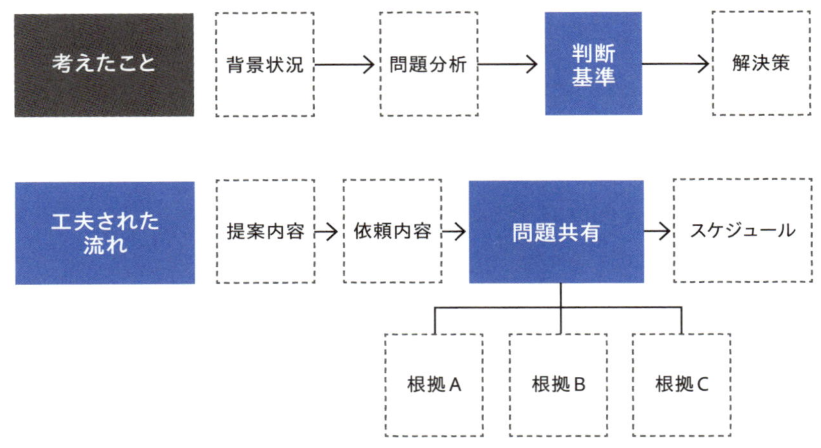

相手の知りたいことに重きを置く

このように、常に相手の頭の中をイメージしながら、「初めに何が気になるか？　次に何が気になるか？」を意識しながら階段を作ることを意識してください。

具体的には、各メッセージに対して次のことを考えて、それに答えていくというイメージです。

- 相手が次に聞きたくなること
- 相手が問うべき問い
- 予想される疑問

相手に各メッセージを理解・納得してもらうには、事前に「相手をどんな状態にしておかなければいけないか」を逆算して考えましょう 図04-21 。

図 04-21

メッセージの前後の聞き手の状態を意識する

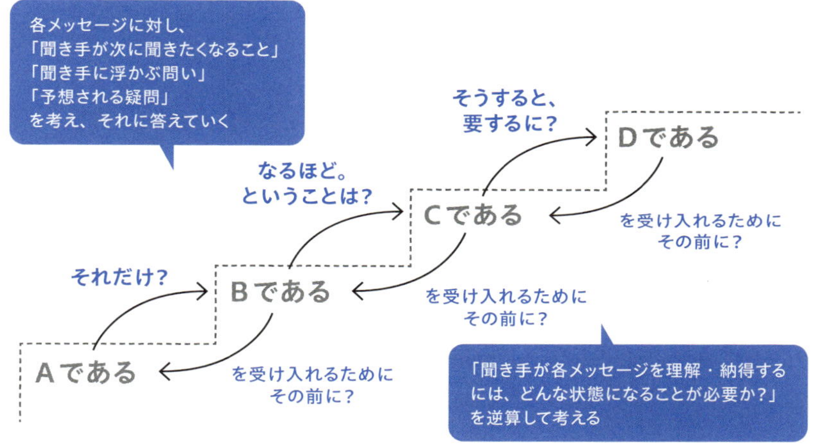
各メッセージに対し、
「聞き手が次に聞きたくなること」
「聞き手に浮かぶ問い」
「予想される疑問」
を考え、それに答えていく
そうすると、
要するに？
Dである
なるほど。
ということは？
Cである
を受け入れるために
その前に？
それだけ？
Bである
を受け入れるために
その前に？
Aである
を受け入れるために
その前に？
「聞き手が各メッセージを理解・納得するには、どんな状態になることが必要か？」
を逆算して考える

最後に、ストーリーラインを作る際に役立つ型についてお伝えします。ストーリーラインを明確にするために、先ほどご紹介した問題解決のプロセスの型を利用することが効果的です。ビジネス上の提案は、基本的には問題解決にもとづいているため、このプロセスに沿った型を使えば、ストーリーラインを作りやすくなります 図 04-22 (次ページ)。

図04-22

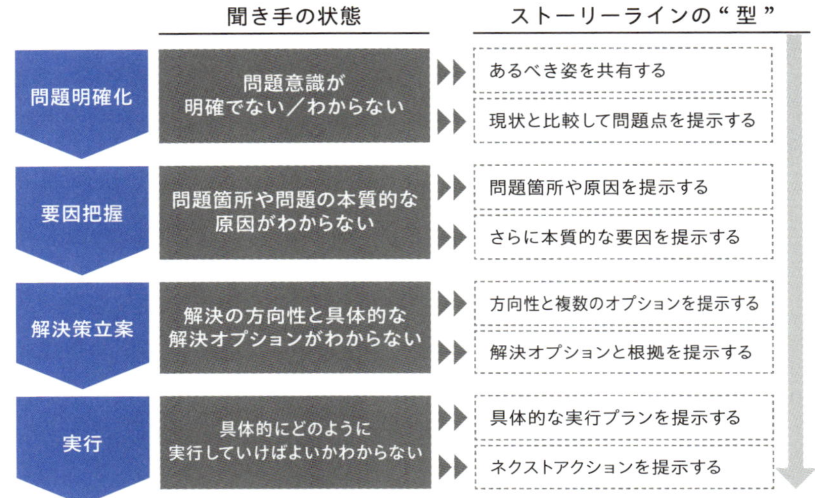
ストーリーラインを作る上でのコツ
聞き手の状態
ストーリーラインの“型”
問題明確化
問題意識が
明確でない／わからない
あるべき姿を共有する
現状と比較して問題点を提示する
要因把握
問題箇所や問題の本質的な
原因がわからない
問題箇所や原因を提示する
さらに本質的な要因を提示する
解決策立案
解決の方向性と具体的な
解決オプションがわからない
方向性と複数のオプションを提示する
解決オプションと根拠を提示する
実行
具体的にどのように
実行していけばよいかわからない
具体的な実行プランを提示する
ネクストアクションを提示する

たとえば、私が皆さんに「資料作成能力を上げてほしい」というメッセージを伝えるとき、問題解決のプロセスを次のように整理して展開することができます。

①結論
②問題提起
③解決策
④具体的提案

さらに、「読者にとってのメリット」を加えて、次のように展開できます 図04-23 。

①結論
②問題提起
③解決策
④メリット
⑤具体的提案

図 04-23

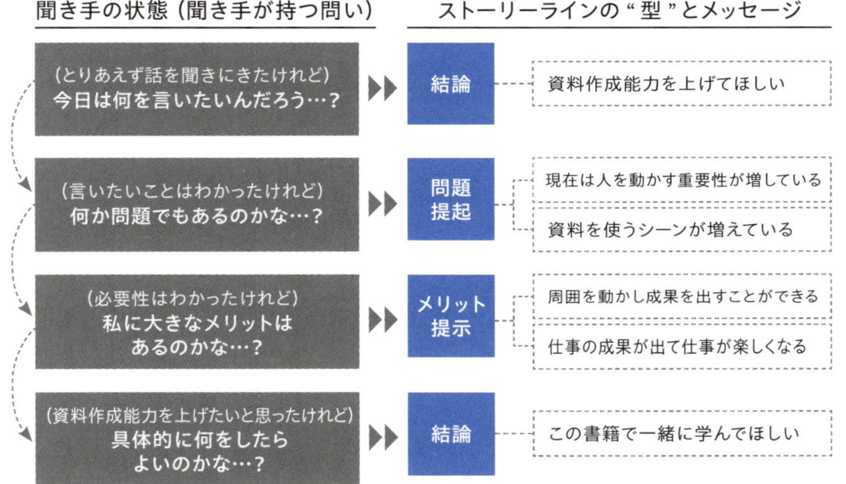

このように、問題解決の型を活用しながら、良いストーリーラインを構築することを意識してみてください。

また問題解決の型と同様に、「空→雨→傘」のフレームワークも効果的です。

「空→雨→傘」フレームワークは、メッセージを構築するためのシンプルで効果的な手法です。このフレームワークは、事実としての状況と問題点、それに対する適切な対応を示すことで、論理的かつ説得力のあるメッセージを作り出します 図04-24 。

1. 空（状況）

まず、現在の状況や問題点を明確にします。これにより、聞き手はメッセージの背景や前提条件を理解することができます。

例：「現在、私たちの市場シェアは減少している」

2. 雨（変化）

次に、その状況における変化や問題の深刻化を説明します。これにより、聞き手は緊急性や重要性を認識します。

例：「私たちの製品は競争力を失いつつある」

3. 傘（対応）

最後に、その状況に対する具体的な対応策や提案を示します。これにより、聞き手は解決策を理解し、行動に移すことができます。

例：「新製品の開発と市場投入を迅速に行ない、競争力を回復させましょう」

具体例を通じて「空→雨→傘」フレームワークの使い方を見てみましょう。

・空：「当社の顧客離れが深刻化している」
・雨：「これは時代遅れの事業戦略が原因である」
・傘：「現在の戦略をドラスティックに変更する必要がある」

図 04-24

ストーリー展開の型：空・雨・傘

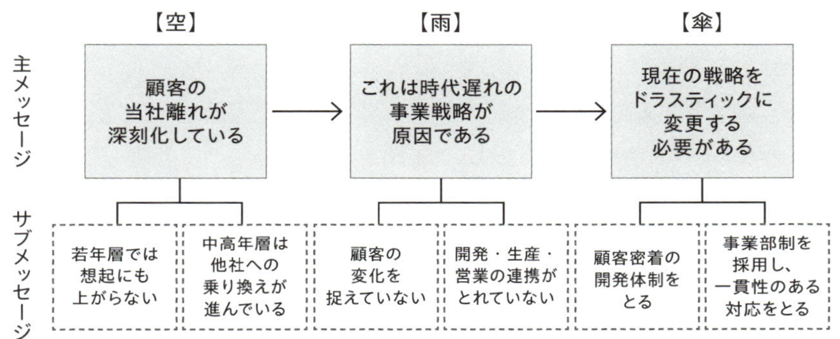

問題解決のフレームワークと本質は近いところがありますが、よりシンプルにストーリーを構築することができるため、状況に応じて使い分けができるとよいでしょう。

メッセージの全体像を最後にチェックしよう！

これまでメッセージの作り方を学んできましたが、実際に納得のいくストーリー展開ができているか不安になることもあるかと思います。

そんなときに重要なのが、エグゼクティブサマリとストーリー展開をワードなどで文字化することです。

ストーリーの作成に没頭していると、いつの間にか客観的な目線を見失いがちで、いざ資料に落とし込もうと思ったときに「何かつながりが悪い……」「説得力が今ひとつ足りない……」といったことが多々あります。論理構成の粒度感が違っていたり、聞き手の立場からして受容しづらいストーリーになることもしばしばです。

ストーリーの全体像が効果的なものになっているかを確認するためにはまず全体像を可視化し、聞き手の立場で納得感があるかを確認していきましょう。以下にそのステップを記載します。

・まず、聞き手を頭に浮かべる
・エグゼクティブサマリを作成し全体像を確認する
・目次（問い）とリード文（メッセージ）を、ワードで作ってみる
・声に出してみて、つながりが悪いところがあれば適宜チューニングする
・最初から理路整然と書けないこともあるので、その場合はとにかく言いたいことを書き出してから、論理構成・レベル感合わせを適宜行なう

エグゼクティブサマリとは、要はどんなことを伝えたいかというものを文字に起こしたものになります。伝えた内容が明確になっているのか、聞き手の立場から理解できるのかを確認するために極めて有効になります。

ここで過去に私が社内での関係部署に報告する資料を作る際のエグゼクティブサマリをお見せします 図04-25（104ページ）。

また、目次とリード文はエグゼクティブサマリをより詳細にストーリーに落とし（スライドに落ちる程度まで）、何をどの順番で話していくかを記載したものです。顧客への提案書や社内の企画書を作成する前に書くことにより、全体ストーリーの納得感があるかどうかを確認することができます。

- はじめに
    - XXXX
- 本商談の目的・ゴール
    - XXXX
- 本提案の背景
    - XXX

以下は、実際に私が新規事業を社内に上申する際に提案書を作成する前に書いたリード文です（一部変更）。

・事業計画のストーリー（本編）

1. 事業サマリー（誰の、どんな困りごとを、どのように解決する？）

テクノロジーの力で、実務での課題解決を支援する最適な学びを流通させる。

2. 解くべき課題

学びが実務での課題解決にどう支援できたのか、担当者の勘と経験でしか判断できていない。

3. 解決の方向性

人事管理者にとって優れたUXをベースに、現場への“学び支援度”を可視化できるシステムを提供する。

4. プロダクトの特徴

業界初、現場への“学び支援度”を診断できる「Learnig Visualize System（研修可視化システム）」。

5. 想定ユーザーの声（実績／トラクション）

XX社の全社導入に向けて交渉中。現場ではモックアップに好感触のため、XX社経営陣と進め方を相談中。

6. 対峙するセグメントと競合

イミ消費の時代、学びの現場支援度を可視化することは意味ある学習機会を提供する上で必然に。

7. 顧客インサイト（自分たちしか知らない秘密とは？）

人事育成担当者は、「現場に活用される学びが何か？」を現場目線で把握できていない。

8. なぜ今、育成に「UX」が必要なのか

人間中心の世の中に突入し、LMSへの期待値は「学習の現場転用」にまでオーバーラップしつつある。

エグゼクティブサマリー

過去	昨年度の事業報告
現在	今年度の事業共有
未来	来年度以降の 事業方針

図 04-25

1. XX年度の結果よりターゲット顧客（XX）においてPMFに至らないことが判明
2. PMFへの不足点としては①XX機能、②XX機能、③XX機能、④XX機能を挙げていた
3. 上記を開発するには一定期間を必要とすること、本状態でXXすることは極めて非効率であることから、XXに舵を切った

---

1. 今年度の活動の結果PMF到達に必要な機能の開発が進み、実装が見えてきた
   a. すでにXX機能はリリース済み。その他機能改善も着手
2. 顧客評価も一新し、新規／既存顧客双方が高い満足度を示し、XXなプロダクトへ
   a. XX様やXX様などの大企業においても導入が決定
   b. その他複数企業でトライアル導入が進み、利用企業数XX社到達が見えてきた
   c. 既存顧客もプロダクトに満足いただき、継続の意向あり

---

1. 今後の勝ち筋として、XXしていければ十分に市場に入り込めると想定
   a. 競合XXへの不満の声が多数、進化に限界も見えるプレーヤーも
2. プロダクト開発方針としては、XXの機能改善を進めたあとに他社サービス連携を進める
   a. XX維持と、現機能の改善要望の声が大きく緊急性が高いため

9. 競合優位性／Gの強み（どうやって競合優位性を構築する？　強みは？）

自社のXXを活かす学習プロセスそのもののユニークネス。

資料作成に入る前にはエクゼクティブサマリ、目次とリード文を作ってから取り組むことをおすすめします。

エグゼクティブサマリとリード文を作る上でのコツですが、初めから構造化された文章を書こうとする必要はありません。言いたいことを書き出してから論理構成や粒度のすり合わせをしていくことで、誰でも構造化されたストーリーを作ることが可能です。

→ 第4章のまとめ

この章では資料を作る上でメッセージが重要であることをお伝えしました。
そして、メッセージを伝える上では、まずピラミッドストラクチャーをしっかりと作ることが重要とお伝えしました。
強固なピラミッドストラクチャーを作った上で、その中でストーリーを意識し、相手の特性を踏まえて、分量とタイミングを調整することが重要です。
ここまでくれば、あとはいよいよボディを作るフェーズに入っていきます。

第5章

ボディの作り方 Part1

── 伝えたいことを一目で伝える情報整理の技術

第 4 章ではメッセージの作り方について学びました。

資料は、相手を動かすことを目的としたメッセージの集合体であり、

相手を動かすためには、相手の疑問に沿ったメッセージを作成し、

それらを相手が納得しやすいストーリーラインに落とし込むことで、

より確実に相手を動かせることを学びました。

では、ここからは多くの人が悩みがちな「ボディ」の作り方について

学んでいきましょう。この章を読めば、ボディの作り方で悩むことが

格段に少なくなるはずです。

資料作成で最も多い悩みは「ボディ作り」

資料のボディ作りに悩む人はたくさんいます。

これまで、ビジネススクールの学生さんや社内の部下・後輩から「どうやってボディを作ればいいのでしょうか？」という相談を何度も受けてきました。資料作成において、最も多い相談（悩み）と言っても過言ではありません。

その一方で、情報として価値のないボディが積み重ねられたスライドや、メッセージ以上に盛りだくさんの内容が詰め込まれたスライドも数多く見せられてきました。

そもそも、なぜボディ作りは難しいのでしょうか？

そもそもボディとは何か？

第４章までの解説をお読みいただき、伝えたい内容を整理することの重要性はご理解いただけているでしょう。その上で皆さんにお聞きします。

資料（スライド）におけるボディとは、そもそも何でしょうか？ 図05-01

図 05-01

ボディはピラミッドストラクチャーに照らすとどこになる?

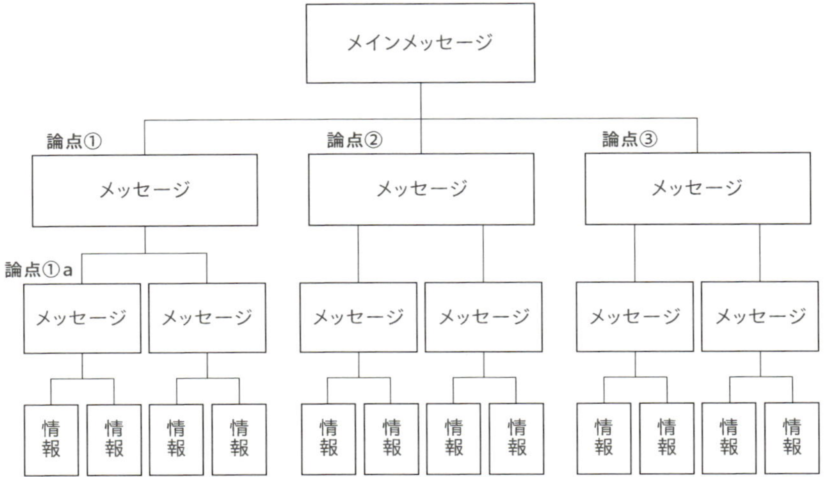

ボディは、メッセージの説得力を高めるための情報が整理された部分を指します 図 05-02 。

図 05-02

ボディ=スライドのメッセージの納得感を高める情報を指す

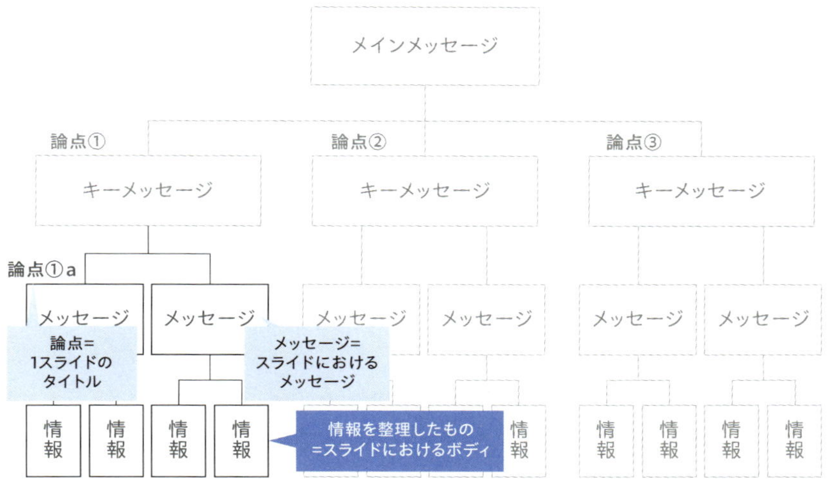

これを１枚のスライドで表現すると、次ページの 図 05-03 のような形になります 。タイトルが論点であり、その下にメッセージがあります。そして、これらを支える情報が整理されたものがボディです。

図05-03

資料における各パーツの役割

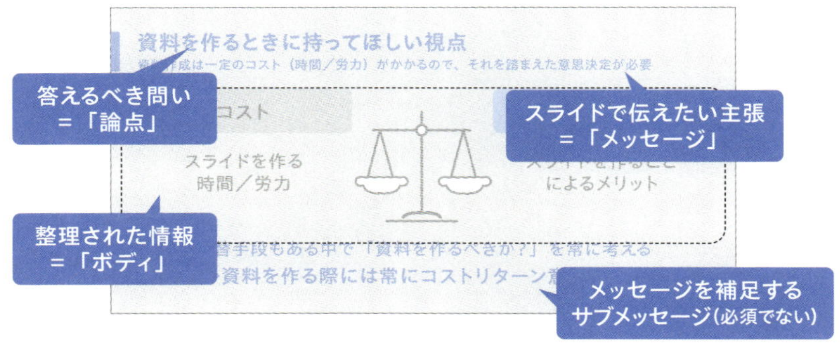

サブメッセージは必ずしも必要ではありませんが、次のような使い方が代表的です。特に、メッセージとボディだけでは次のスライドに移動したときに読み手を動かしづらいといった場合、補足の情報として活用すると効果的です。

1. 次のスライドへのつなぎ

結論を伝えたあとに急に場面転換する場合や、「本当にそうなのでしょうか？」といった疑問を投げかけるとき。

2. 現場感を演出するための補助的なメッセージ

メッセージを言い換えたり、補足として伝えることで、理解を促進させることを狙います。

3. キーメッセージ以外の示唆

重要なメッセージ以外の示唆を補足します。ただし、重要度が高い場合は、別のスライドで改めて説明するとよいでしょう。また、あまり重要でない情報を無理に入れると、かえってメッセージがぼやけてしまうことがあるので注意が必要です。

基本的には、「ボディは情報を整理したもの」という意識を持てば、迷うことは少なくなります 図 05-04 。

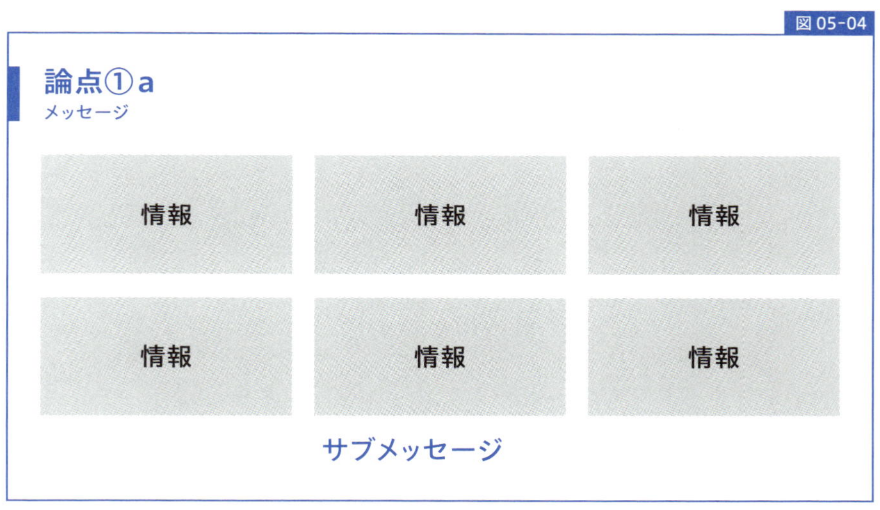

ボディの位置づけが曖昧な人が多いですが、この概念を理解するだけで、自分の中で何がスッキリしないのかが見えてきます。

「良いボディ」とはどのようなものか？

ボディは「情報が整理されたもの」である以上、中身が充実しており、伝えたいことが一目で伝わるように表現されていることが重要です。

次の２つの例をご覧ください。

伝えたい内容をそのまま伝えた場合と、図で表現した場合では、理解のしやすさや理解にかかるコスト（時間、脳の消費エネルギー）が明らかに異なります。

たとえば、ある営業組織において、受注数の減少が課題となっており、その原因の分析と対策についてまとめた資料を確認してみましょう 図05-05 。

図05-05

リード獲得後の受注における課題と対策

受注数減少の原因は提案後の受注率にあり、人と仕組みそれぞれにアプローチをする予定

- 受注数が大きく低下をしている
- 受注までのファネルを分析したところ、リード獲得→商談化の推移は85%、商談化→提案化の推移は82%、提案化→受注の推移は12%ということがわかった
- ここから、受注数獲得においての課題は提案化→受注の率にあることが見えてきた
- この課題を解決に向けて、打ち手を講じていく必要がある
- 打ち手としては、人によるアプローチとして、提案力を上げるためのトレーニングを実施すること、加えて仕組みによるアプローチとして、資料自体の改訂を行なうことを予定している
- このように、人・仕組みの双方のアプローチによって提案化→受注率を高め、結果として受注数の向上を実現できると考えている

文字だけでまとめた資料は簡潔ではあるものの、文字をすべて読まないと理解できないため、「何が課題で、どのような施策を行なうか」を把握するのに時間がかかります。

一方、次の 図05-06 をご覧ください。

情報量は少なくありませんが、論理のつながりや内容が、頭にスッと入ってくるのではないでしょうか。これがビジュアル化や情報整理のメリットです。

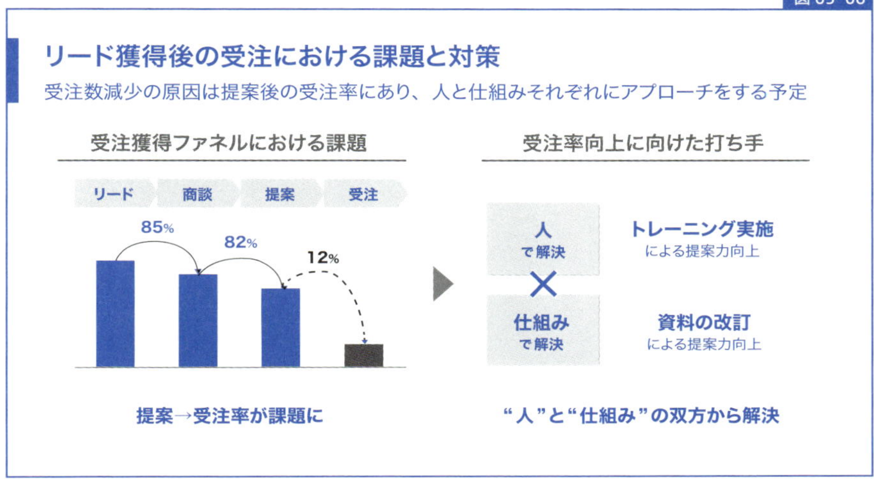

ボディ作りにおける２つの悩みポイント

ボディ作りが苦手な人の悩みは、おおむね次の２つに集約されます 図 05-07（次ページ）。

1. 情報の中身：どのような情報を入れたらよいかわからない
2. 情報の整理の仕方：中身は浮かぶものの、わかりやすく表現できない

図 05-07

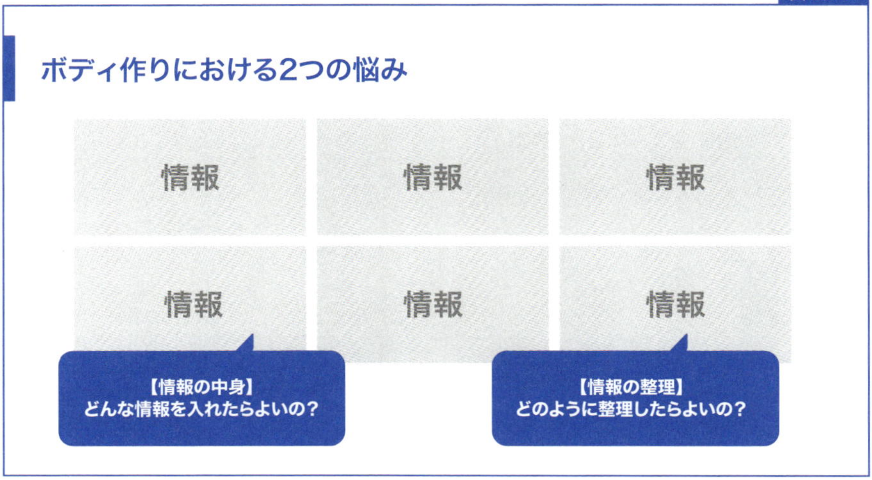

ボディ作りにおける2つの悩み

情報
情報
情報
情報
情報
情報
【情報の中身】
どんな情報を入れたらよいの？
【情報の整理】
どのように整理したらよいの？

ボディを考える際には、まずは中身自体の検討から始めてください。これは第１章でお伝えしたように、資料は「中身が９割」だからです。「犬の道」を進まないように、最初に中身をしっかり考えて、そのあとで見せ方を考える――この順番はボディ作りにおいても同様です 図 05-08 。

図 05-08

ボディ作成の流れ

伝えたいメッセージと情報を決める
ボディの内容を確定する
伝えたいメッセージと
情報のメモを書く
情報を整理し、
ボディ内容を確定させる

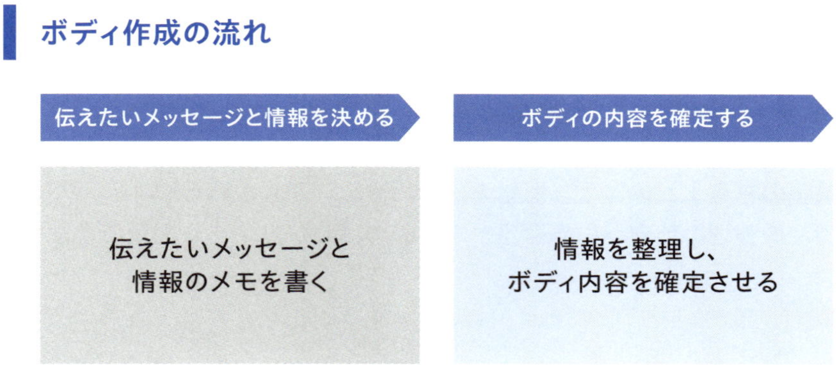

ボディ作りの 5 つのステップ

誰でもボディを作れるように、5 つのステップに分けて説明します。

大きく分けると、**「情報の選定」「整理の仕方」、そして「図に落とし込む」**という 3 つのステップになりますが、ここではそれをさらに細かくして 5 つに分けます 図 05-09 。

図 05-09

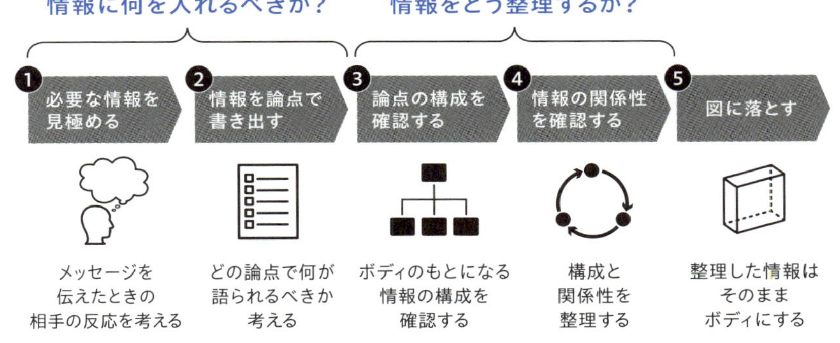
ボディを考えるための5つのステップ
情報に何を入れるべきか?
情報をどう整理するか?
1 必要な情報を見極める
2 情報を論点で書き出す
3 論点の構成を確認する
4 情報の関係性を確認する
5 図に落とす
メッセージを伝えたときの相手の反応を考える
どの論点で何が語られるべきか考える
ボディのもとになる情報の構成を確認する
構成と関係性を整理する
整理した情報はそのままボディにする
この5ステップを踏めば必ずボディが作れる!

ボディの役割

ボディの作り方を考えるにあたって、まずボディの役割について考えてみましょう。

第４章の事例にあった「X国への市場参入のチャンスがあり、参入に向けた検討に合意している状態」を伝えたいときに、次の 図05-10 のようなスライドを提示したらどうでしょうか？

図05-10

問い：X国への市場参入のチャンスはあるか？

市場は成熟期を迎える。大手が安住しているなら、商品開発力のある自社にもチャンスあり

メッセージは明確ですが、これだけではゴールには到達しないでしょう。ボディを加えると、次のようになります 図05-11 。

図 05-11

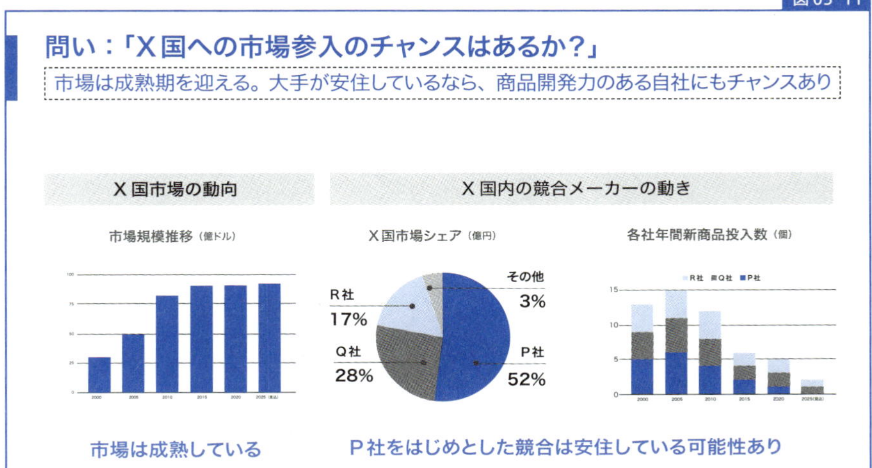

これなら見た人が「自社にもチャンスがある」というメッセージに納得しやすくなるでしょう。

この２つの資料の違いから、ボディの役割は「相手を動かす（理解させる・納得させる）ための説得力を高めること」といえます。もっと簡単に言えば、**メッセージだけでは動いてくれない相手の心の壁を乗り越えるための武器、それが良いボディ（＝整理された情報）です** 図 05-12（次ページ）。

図 05-12

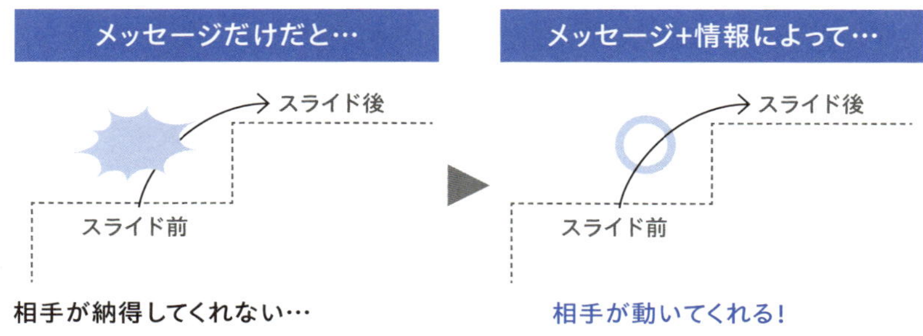

必要な情報を見極める

ボディの役割を再確認できたところで、情報の見極め方について考えてみましょう。

ボディの役割から考えると、必要な情報は、メッセージを伝えたときに相手が抱く疑問や心理的な壁を越えるためのものとなるはずです。これはどのように見極めればよいのでしょうか?

一言で言えば、「相手の立場に立つ」ことです。**「メッセージを伝えたときに相手がどのように感じるか」を考えることが、必要な情報を見極めるためには非常に重要です。**

次のスライドをご覧ください 図 05-13 。

図05-13

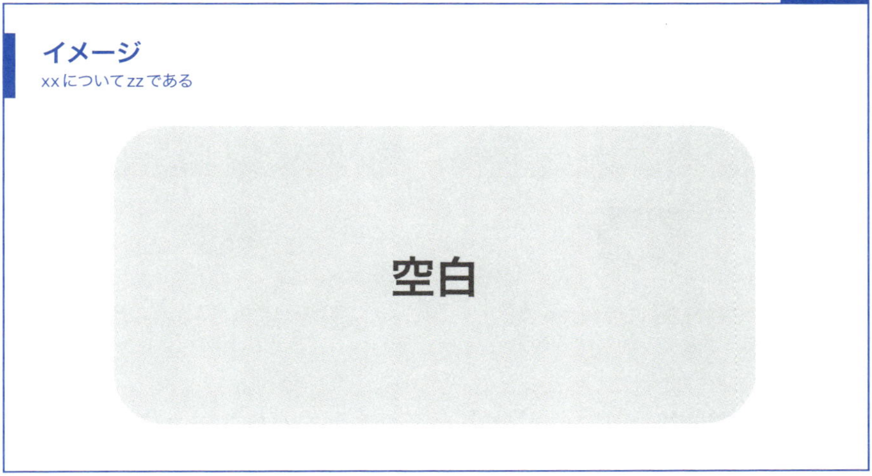

スライドにどんな情報を入れるかで、「相手の感じ方」がまったく変わってくることはおわかりいただけるでしょう。

さて、メッセージを伝える際の壁は多くの場合、次の２つです。

１つ目の壁は**「Whyの壁」**です。「本当にそう言えるのか？」「何を根拠にそう言えるのか？」といった疑問です。要は「メッセージに納得できない」ということです。

２つ目の壁は**「Whatの壁」**です。「具体的にどういうことなのか？」というイメージが湧かず、その結果「理解ができない」というケースです 図05-14（次ページ）。

図 05-14

“壁”の代表例

本当にそう？

どんな事実からそう言えるの？
何でそう言えるのかわからない…

どういうこと？

具体的にはどういうこと？
イメージが湧かない…

この壁を意識して必要な情報を書き出すのが次のステップ

このようなときは、自分の視点ではなく、相手の視点に立って、自分の意見をシビアに考えてみてください。そうすれば、何が相手にとっての壁になっているのかが見えてきます。

具体例を見てみましょう。次のスライドをご覧ください 図 05-15 。

図 05-15

参考）日本における社会人の学習姿勢

日本は諸外国に比べて社外学習や自己啓発に極めて受動的である

「日本における社会人の学習姿勢はどうなっているか？」という論点に対して、「日本は諸外国に比べて社外学習や自己啓発に極めて受動的である」というメッセージがあります。

このメッセージを見て、皆さんはどのような疑問が浮かぶでしょうか？おそらく多くの方が「本当にそうなのか？」「なぜそう言えるのか？」と思ったはずです。

ボディにはメッセージを支える理由、つまり根拠を記載する必要があります。「日本が諸外国に比べて社外学習に受動的である理由」を示す根拠を加えることで、このスライドにおけるゴールに到達できるのです 図 05-16 。

図 05-16

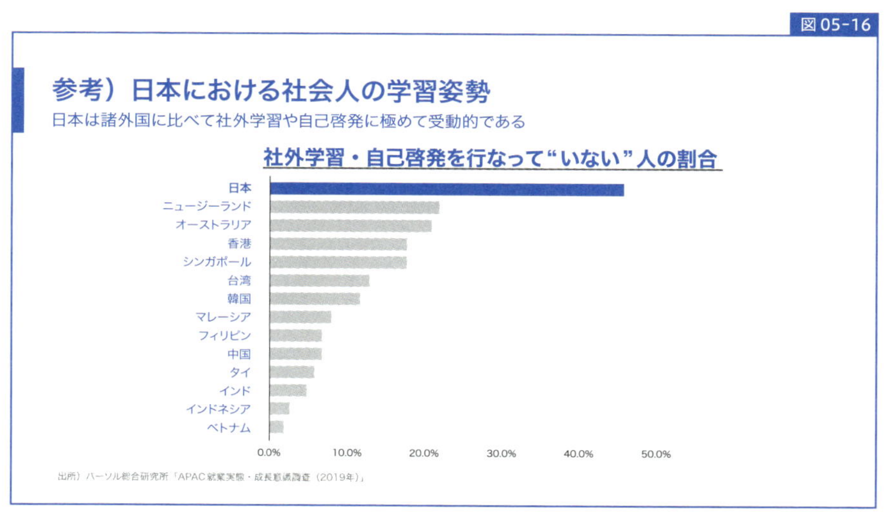

「なぜ？」という疑問が浮かんだときは、その理由を示す情報を盛り込む必要があります。

もう1つの例を見てみましょう。

システム導入の準備について説明するスライドです 図 05-17 。

図 05-17

システム利用開始にあたっての必要準備

3カ月前を目安に必要事項の確認を進め、1.5カ月前にはキックオフに向けた準備を完了させたい

「システム利用開始にあたっての必要準備は？」という論点に対して、「3カ月前を目安に必要な事項の確認を進め、1.5カ月前にはキックオフに向けた準備を完了させたい」というメッセージがあります。何となく必要な対応がわかるような気もしますが、「具体的に何をすればよいのか？　イメージが湧かない」と感じる人が多いのではないでしょうか。

この場合、ボディに具体的な手順やイメージを記載する必要があります 図 05-18 。

図 05-18

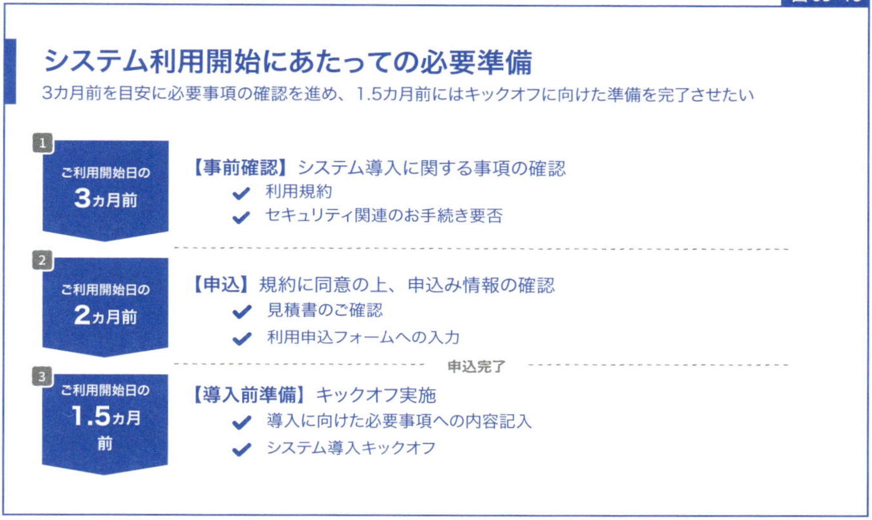

システム利用開始にあたっての必要準備

3カ月前を目安に必要事項の確認を進め、1.5カ月前にはキックオフに向けた準備を完了させたい

1 ご利用開始日の 3カ月前

【事前確認】システム導入に関する事項の確認
- 利用規約
- セキュリティ関連のお手続き要否

2 ご利用開始日の 2カ月前

【申込】規約に同意の上、申込み情報の確認
- 見積書のご確認
- 利用申込フォームへの入力

申込完了

3 ご利用開始日の 1.5カ月前

【導入前準備】キックオフ実施
- 導入に向けた必要事項への内容記入
- システム導入キックオフ

もう１つ例を挙げます。

たとえば、システム開発を担う組織において、設計の必要性を説いているシーンを想像してください 図 05-19 。

図 05-19

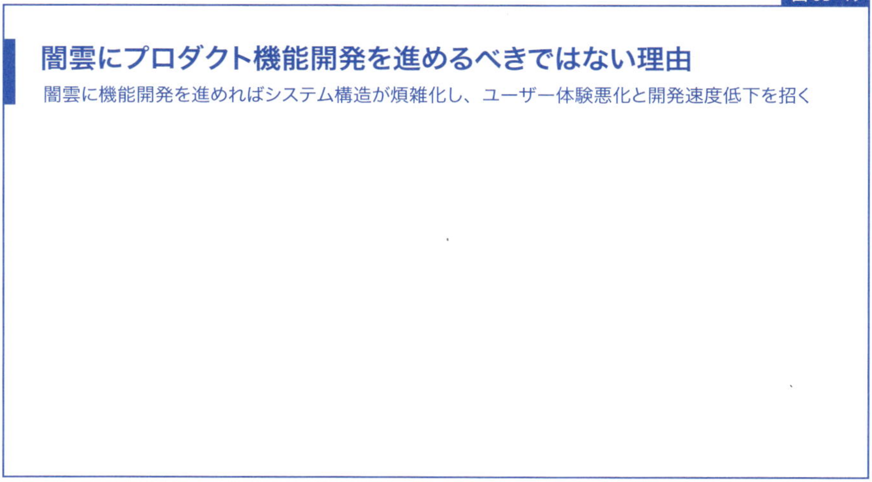

闇雲にプロダクト機能開発を進めるべきではない理由

闇雲に機能開発を進めればシステム構造が煩雑化し、ユーザー体験悪化と開発速度低下を招く

「設計なしでプロダクト機能開発を進めるべきではない理由は何か？」という論点に対して、「設計を無視して進めると、システム構造が煩雑化し、ユーザー体験が悪化し、開発速度が低下する」というメッセージがあります。

しかし、これだけではイメージが湧かないかもしれません。そんなときは、東京の主要駅の再開発などを例に挙げつつ、当初はきれいに整備されていたものの、多くの商業施設の建設などの変化が増える中で、ユーザー体験の悪化や工事の遅延が起こっていることをイメージとして伝えると、理解してもらいやすくなるでしょう 図05-20 。

図 05-20

設計なしにプロダクト機能開発を進めるべきではない理由

闇雲に機能開発を進めればシステム構造が煩雑化し、ユーザー体験悪化と開発速度低下を招く

ここまで例をいくつか挙げましたが、イメージが湧きましたか？

相手が「なぜ？」と感じそうならば、その根拠となる情報を示す。また、「どういうこと？」と思いそうならば、具体的な例やイメージを伝える。そうすることで、相手の理解度／納得度は格段に上がるでしょう。

ボディの内容を考える際には、事前に読み手の疑問を把握することで、資料に何を書くべきかが明確になるということです。

また、疑問が湧かないような内容であれば、「そもそもこのスライドで大

丈夫なのか」と再考するようにしましょう。

本来スライドは、ゴールに到達するために作るものです。言葉だけで簡単に理解される内容であれば、わざわざ1枚のスライドで示さずに、ほかのスライドのサブメッセージや前提として盛り込むことを考えましょう。そうすることで、スライドの枚数を減らすことができ、結果として資料作成を効率化できます 図05-21 。

図05-21

つまずく壁の種類に合わせて必要な情報をボディに入れ込む

理由が不明

どんな事実からそう言えるの？
何でそう言えるかわからない…

聞き手が納得できるような
根拠を情報に盛り込むべき

具体性がない

具体的にはどういうこと？
イメージが湧かない…

聞き手がイメージできるような
具体的な情報に盛り込むべき

第 5 章のまとめ

第 5 章ではボディ作りの前半戦として、ボディの役割とその中に入れるべき情報の見極め方についてお伝えしました。
ボディの役割は、相手を動かすための壁を越えるためのサポートであることをお伝えしました。
また、ボディを考える第一ステップとして、「メッセージを伝えたときに相手がどのような反応をするか」を捉えることで、必要な情報を見極められることを確認しました。
次の章では、情報を書き出したあとにどのように図に落とし込んでいくかを一緒に確認していきましょう。

第6章

ボディの作り方 Part2

――情報の整理と構造化に箇条書きを活用する

第 5 章では、ボディの作り方について全体像を押さえました。

どんな情報をボディに入れ込むべきかについては

理解をいただけたと思います。

シンプルでわかりやすいボディを作るためには、

見極めた情報を整理することが必要です。

また、整理した情報がボディとどのような関係になるのかについての

構造を理解しておけば、ボディ作りに悩むことは一切なくなるはずです。

情報をどのように整理するべきか、また整理した情報をどのように

ボディに落とし込んでいくのかについて、

一緒に考えていきましょう！

整理することの必要性

いくら必要な情報をスライド上に並べても、整理されていないと、相手を動かすことはできません。相手の理解・納得の壁を越えるためには、メッセージに対して生じる疑問をわかりやすく簡潔に伝えることが重要です。

次の 図06-01 のように情報が多すぎたり、整理されずに羅列されていると、相手は情報を処理し切れず、本当に伝えたいメッセージが十分に伝わりません。

図06-01

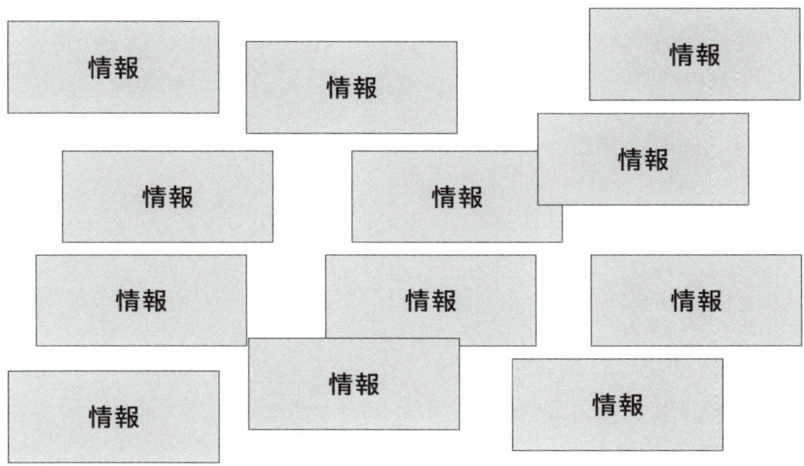

情報の整理の仕方：情報の構成×情報の関係性

これから情報の整理＝構造化をしていきますが、情報を構造化するために重要なことは何だと思いますか？

先に結論を言ってしまえば、**構造化は「情報の構成×情報の関係性」で決まります** 図06-02 。

図06-02

情報の構造化は構成と関係性で決まる

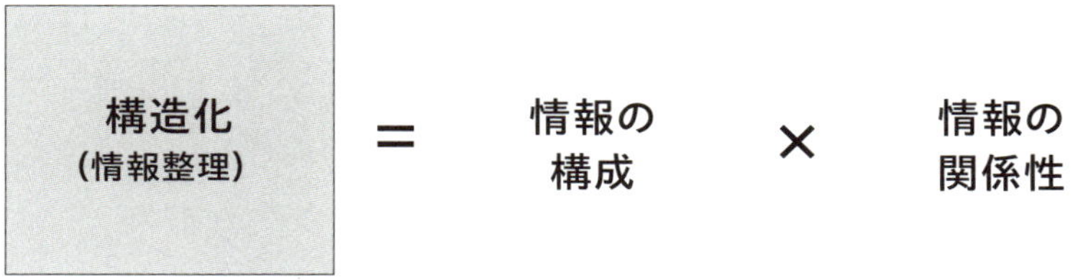

「情報の構成」とは、情報を抽象度や数に応じて、縦横で整理することです（縦と横は概念なので、自分で決めてかまいません）。

一方、「情報の関係性」とは、情報間の関係を図として表現することです 図06-03 。

図 06-03

情報整理の際の2つの観点

論理構造を**構成**で見る

タテ

	大情報	大情報
中情報	小情報	小情報
中情報	小情報	小情報

ヨコ

×

論理構造を**関係性**で見る

なぜ、この２つの観点からの構造化が有効なのでしょうか？

それは、構造化された情報をそのままボディに落とせるからです。資料は２次元で表現されるため、縦と横で整理ができ、それらの関係性がわかれば、迷うことなく図に落とし込めます。つまり、ボディ作りで悩む時間が減るわけです 図 06-04 。

図 06-04

構造化された情報はそのままデザインに

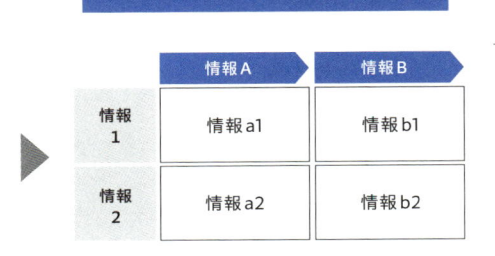

構造化された情報は……

構成

	情報A	情報B
情報 1	情報 a1	情報 b1
情報 2	情報 a2	情報 b2

関係性

- ✔ 情報AとBは順列
- ✔ 情報AとBは並列

そのままデザインになる

	情報A	情報B
情報 1	情報a1	情報b1
情報 2	情報a2	情報b2

では「情報の構成で整理する」「情報の関係性で整理する」ためには、どうすればよいでしょうか？　一緒に確認しましょう。

情報の構成は 3 つのステップで作る

まずは構成について考えてみましょう。

構成はどのように作ればよいのでしょうか？

大まかに次の 3 つのステップで進めます 図 06-05 。

〈ステップ 1〉情報を書き出し、箇条書きで整理する
〈ステップ 2〉スライド構成に沿って再整理する
〈ステップ 3〉構成を定量化し、ボディの骨格をイメージする

図 06-05

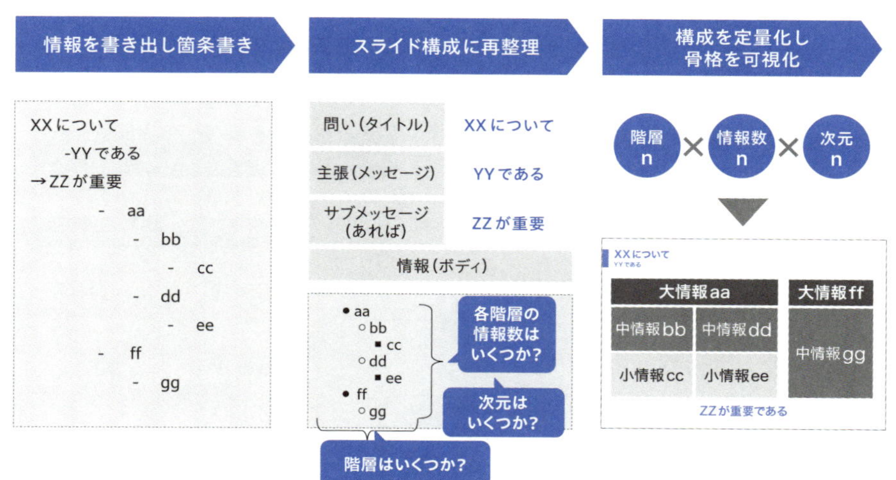

〈ステップ１〉
情報を書き出し、箇条書きで整理する

箇条書きの意義

第５章で解説したプロセスを経て「必要な情報」を見極めたら、まずその情報を書き出します。次に、情報の論理構造を作成します。

論理構造がボディの全体像の「骨格」になります。

作成したメッセージとそれを支える情報（根拠）を、ボディのどこにどのように配置をすればよいかが決まります。

そもそもプレゼン資料における「図解」を誤解している人は少なくありません。多くの人が図解することを「絵、写真、イラストをたくさん入れることが図解。図を使うことで柔らかい雰囲気を演出したり、読みやすい印象を与えること」と理解しているようですが、それは間違いです。内容とあまり関係のない図が載っていると、むしろ相手は混乱します。

本来、**図解とは「伝えたい内容を論理構造にもとづいた図で表現すること」**であり、「相手が見ただけで内容を理解できるようにする」ことが目的です。しかし、この「論理構造を相手が一目で理解できるように整理する」思考プロセスを、頭の中だけで行なうのは極めて困難です。

そこで役立つのが箇条書きです。

箇条書きをすることは、情報を整理するための第一歩です。「論点に対してどのような情報があるのか」を構造的に書けば書くほど、あとで整理しやすくなります。

たとえば、皆さんが議事録を書くときも、話をいくつかの論点に分けて、整理しながらメモをとりますよね。箇条書きで情報を整理するのも、これと同じです。

ただし、**箇条書きするときは「階層」に注意してください。**階層を深くしすぎると、図式化しづらくなるので注意が必要です（のちほど解説しますが、階層は３つまでが理想です）。

企業の新規事業戦略を例に考えてみましょう。

複数の要素が絡み合った情報を階層化して、箇条書きで整理すると次のようになります。

新規事業戦略の構成要素とは？

1. 市場分析
    - ・市場規模と成長性
        - ・予測される市場の年平均成長率
        - ・主要プレイヤーの市場シェア
        - ・新たな参入者の動向
    - ・顧客分析
        - ・ターゲット顧客のニーズ
            - ・価格に対する感受性
            - ・製品の品質やブランドへの期待
        - ・顧客の購買行動
            - ・オンラインショッピングの普及状況
            - ・購入に至る意思決定プロセス
    - ・競合分析
        - ・主要競合の強みと弱み
            - ・製品の差別化ポイント
            - ・価格戦略
        - ・競合の市場参入の脅威
            - ・新規参入者の動向

・既存競合の対抗戦略

2. 製品開発

・製品のコンセプト設計

・顧客ニーズにもとづく製品機能

・コア機能

・差別化機能

・製品ライフサイクルの計画

・導入期、成長期、成熟期、衰退期の戦略

・製品デザインとプロトタイピング

・初期デザイン案の作成

・プロトタイプのテストとフィードバック

・顧客からのフィードバック

・社内テスト結果の反映

3. マーケティング戦略

・プロモーション戦略

・広告キャンペーン

・オンライン広告の選択と実施

・主要メディアでの露出計画

・パブリックリレーションズ

・プレスリリースの配信

・イベントや展示会への参加

・価格設定戦略

・コストベースの価格設定

・製造コストと利益率の計算

・競争ベースの価格設定

・競合他社との価格比較

4. 販売チャネルの開発

・直接販売

・自社オンラインストアの構築

・直販店舗の展開

・間接販売
    ・小売パートナーとの契約
        ・主要な小売チェーンとの提携
    ・ディストリビューターとの協力
        ・地域別のディストリビューターの選定と契約

このように箇条書きにすることで、膨大な情報がすっきりと整理され、このあとの図式化がスムーズになります。

大事なのは、ただ情報を書き連ねるのではなく、階層構造をきちんと整理することです。もちろん最初は、思いついた情報を書き出すことから始めることになるかもしれませんが、要素がある程度出そろったら、整理するようにしてください。

良い箇条書きのために抽象度を操作する

情報を階層化する際には、(3階層を最大とした場合) トップレベルの大カテゴリ、その下の中カテゴリ、さらにその下の小カテゴリという**「情報の抽象度」に注意ながら整理する**ことが重要です。

・トップカテゴリ＝大情報

各主要なカテゴリ (市場分析、製品開発、マーケティング戦略、販売チャネルの開発) は全体の構成を決定づける骨組みです。

・ミドルカテゴリ＝中情報

それぞれの大カテゴリ内で、さらに詳細な要素やステップに分割して階層化することで、情報の流れや関係性を明確にします。それを論点に落とし込むこともあれば、小情報をまとめて1つの要素として抽出することもあります。

・ボトムカテゴリ＝小情報

各ミドルカテゴリ内でも、さらに細かいポイントや具体例を追加することで､深い分析や考察が可能になります。最も具体的な情報がここに入ります。それぞれのミドルカテゴリ内の論点に対しての情報という位置づけになることもあれば、中情報に対するさらに具体的な情報となることもあります。

この整理もあまり厳密に行なう必要はありませんが、自分の手と目を使いながら抽象度や粒度を確認するとよいでしょう。

抽象度が高い場合は、より下位の層へと落とし込み、抽象度の低い情報をまとめてカテゴリ化するという「具体化⟷抽象化」の作業を行なえば、より洗練された箇条書きメモが完成します。このメモの精度が高ければ高いほど、のちのボディ作りはスムーズに進みます。

抽象度を揃える

この抽象度は極めて重要な概念なので、丁寧に確認していきましょう。たとえば、次の3つの言葉は同じ抽象度でしょうか？

「魚類」「サル」「鳥類」

抽象度が異なることはご理解いただけるでしょう。

この場合「魚類」「鳥類」に抽象度を合わせるのであれば、「サル」よりも「哺乳類」のほうが適切ですよね 図06-06 (次ページ)。

図 06-06

「魚類」・「サル」・「鳥類」の抽象度は揃っている？

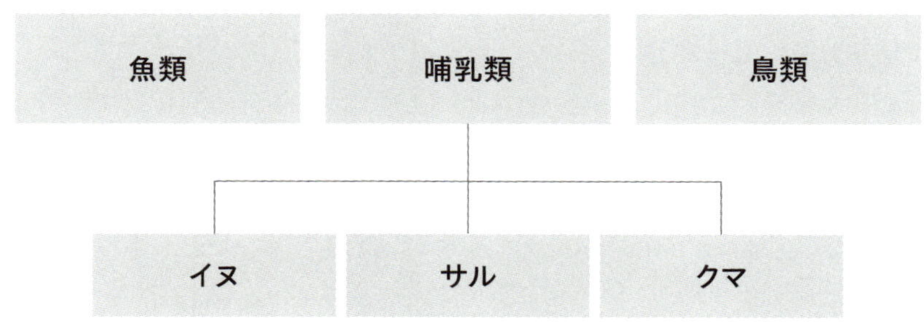

箇条書きを作る際には、抽象度や粒度を確認しながら、論理構成を整理していく

このように、**箇条書きで書く際には「抽象度を揃える」ことを意識してください。**そうしないと論理構成の整合性がとれないため、相手にとって理解しづらくなります 図 06-07 。

図 06-07

言葉の「抽象度」に意識を向ける

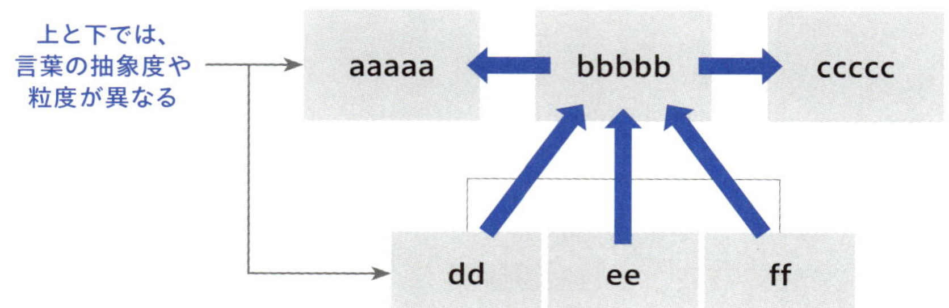

その際に「どのように構成を整理するか」ですが、「抽象→具体」「具体→抽象」の行き来を繰り返すことを意識してください。

今回の例でいえば、「新規顧客戦略検討の論点」として何が挙げられるかを抽象的なものから具体的なものまで考えます。

もし、「抽象→具体」の方向で考え切ることができなければ、なるべく具体的な情報をたくさん挙げてみます。たとえば、市場規模、成長性、顧客分析、競合分析などです。

その上で、これらの要素をまとめると「どのような情報のカテゴリと言えるか」と抽象化をします。すると、「市場分析」という言葉でまとめることができるはずです。

次に、市場分析と同じ抽象度・粒度・レベル感の情報がほかにないかと考えると、「製品開発」や「マーケティング戦略」などが浮かびます。こうすることで論点を網羅的に挙げることができます。

これらのプロセスを経ることで、伝えたい内容について網羅的かつ構造的な構成を作ることができます。

最初からあまり厳密に作ろうとはせずに、いったん思いつくままに作成してから、手と目を使って整理し直すようにするとよいでしょう。要は、メッセージを整理する際のピラミッドストラクチャーの作り方と同じ要領です 図06-08 (次ページ)。

図 06-08

箇条書きをまとめ上げるコツ

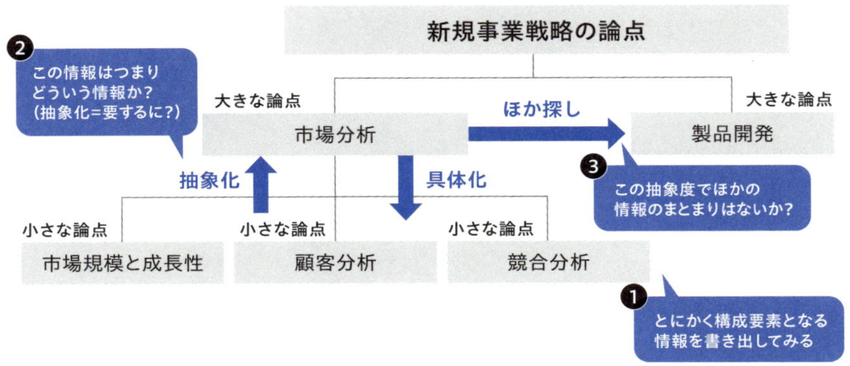

このように、階層を設定した箇条書きは、複雑な内容を整理し、論理的かつ明確に伝えるために非常に有効です。情報の階層化により、相手は全体の構造を理解しやすくなり、細部の情報の位置づけも理解できます。

〈ステップ2〉
スライド構成に沿って再整理する

箇条書きの内容とスライドとの関係性

ここまで解説した情報整理の方法は、資料を作成する際のメッセージの整理にも大いに役立ちます。

たとえば、提案内容を箇条書きで整理するといった具合です。新規のプロジェクトを実施する際に、骨子となるメッセージを固めてから、それらを箇条書きで整理すると以下のようになります（※第４章で紹介した社内新規事業企画の例　104 ページ参照)。

・事業計画のストーリー（本編）

1. 事業サマリー（誰の、どんな困りごとを、どのように解決する？）

テクノロジーの力で、実務での課題解決を支援する最適な学びを流通させる

→ Learning Experience Platform の世界を目指す

a. 誰の？

i.　XX

b. どんな困りごと？

i.　XX

c. どのように解決する？

i.　XX

2. 解くべき課題

学びが実務での課題解決にどう支援できたのか、担当者の勘と経験でしか判断できていない

a. 誰の？

i.　人事育成担当者・企画者

b. どんな困りごと？

i.　学びが実務での課題解決にどう影響したのか、担当者の勘と経験でしか判断できない

3. 解決の方向性

人事管理者にとって優れた UX をベースに、現場への"学び支援度"を可視化できるシステムを提供する

→可視化を諦めていた育成領域にメスを入れる

a.【土台】育成担当者が管理している幅広い研修を優れた

UX で管理できる

i. （画面イメージ）

b.【優位性】現場への支援度合いを可視化できる

i. （画面イメージ）

なお、このようなときは、スライドの位置づけを意識しながら、箇条書きを作成します 図 06-09 。

図 06-09

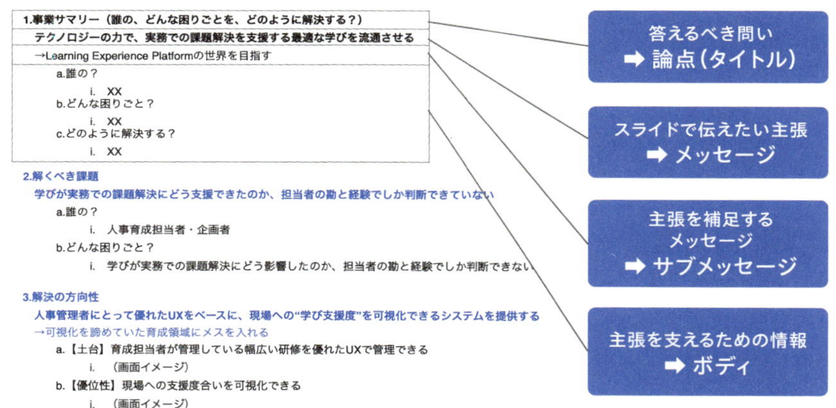

この箇条書きが1つ1つのスライドに変わります。

たとえば、次のように表現できます。

・スライドの論点：答えるべき問い

・スライドのメッセージ：主張

　→サブメッセージ（必要なら）

　　・ボディ情報

　　・ボディ情報

ボディの情報については、箇条書きと同様に階層化して整理します。すると、次のようになります。

・スライドの論点：答えるべき問い
・スライドのメッセージ：主張
　→サブメッセージ（必要なら）
　　・最上位階層のボディ情報＝大情報
　　　・次の階層のボディ情報＝中情報
　　　　・最下層のボディ情報＝小情報
　　・最上位階層のボディ情報＝大情報
　　　・次の階層のボディ情報＝中情報
　　　　・最下層のボディ情報＝小情報

たとえば、「ProjectX」という新規のプロジェクトを提案する場合、次のような箇条書きが作成できます。

「Project X」の提案内容

1. 問い：現状の自社の課題
　・主張：市場シェアの停滞を迅速に対策しなければ、当社の競争力が低下するリスクがある
　　・ボディ：
　　　・自社売上の停滞（大情報）
　　　　・市場シェアが過去 2 年間でほぼ横ばいで推移しており、特に主要製品の売上が前年同期比で 1%の成長に留まっている（中情報）
　　　・他社売上の向上（大情報）
　　　　・競合他社 A は新製品を投入し、過去 1 年間でシェアを 5%増加させた

- 競合他社 B はマーケティング戦略を刷新し、ターゲット市場での存在感を大きく強化、売上が前期比で 10%増加（中情報）

2. 問い：新興市場への参入が当社にとって有益か？
   - 主張：新興市場への早期参入は、当社の成長を加速させる重要なステップである
     - ボディ：
       - 市場状況（大情報）
         - 新興市場は高成長率を記録している（中情報）
           - 市場調査会社 X によると、新興市場全体で年平均成長率（CAGR）が 10%を超えると予測されている（小情報）
       - 競合の参入状況（大情報）
         - 競合他社がまだ参入していないため、先行者利益を享受できる（中情報）
           - 競合他社の参入例は 0 件（小情報）
         - 競合他社 C が市場調査を開始しており、参入可能性が高まっていることから、迅速な行動が求められる（中情報）
3. 問い：当社はどのように競争力を向上させるべきか？
   - 主張：Project X による新製品の開発と市場投入は、競争力を大幅に向上させる
     - ボディ：
       - 新製品のコスト優位性（大情報）
         - 当社の製品は、同等の性能を持つ競合製品に比べ、製造コストが 20%低い。（中情報）
       - 開発サイクルの短縮（大情報）
         - 開発期間が従来の 18 カ月から 12 カ月に短縮され、市場投入が 6 カ月早まる予定（中情報）
4. 問い：顧客ニーズへの対応方法は何か？

- 主張：カスタマイズ可能な製品ラインナップにより、顧客の多様なニーズに柔軟に対応できる
  - ボディ：
    - 顧客満足度の向上（大情報）
      - 初期市場調査で、70％以上の顧客がカスタマイズ可能な製品を好むと回答している（中情報）

5. 問い：リスクにどう対応するか？
   - 主張：競合分析と迅速な対応で、競合他社に対する優位性を維持することができる
     - ボディ：
       - リスク対応において重要なことは何か？（大情報）
         - 競合に合わせた迅速な対応策が重要（中情報）
           - 過去のプロジェクトで、対応スピードが原因で競合に市場シェアを奪われた事例あり（小情報）
       - リスク対応においてやるべきことは？（大情報）
         - 継続的な競合分析（中情報）
           - 毎月の競合分析レポートを作成し、対応策が迅速に講じる（小情報）

上記のうち「問い」がスライドにおける論点、「主張」がメッセージ、この２つを支える大・中・小情報がボディとなります。ここまでやって初めて「情報が整理された」状態といえます。

箇条書きには何を書くのか？

箇条書きに入れる情報は次の３つです。

①論点の提示（「リスク対応において重要なことは何か？」など）
②メッセージの提示（「競合の動きに合わせた迅速な対応策が重要」など）
③事実・データの提示（「過去のプロジェクトで、対応スピードが原因で競合に市場シェアを奪われた事例があり」など）

また、**上位階層の情報と下位階層の情報の関係性についても理解を深められると情報整理の質が高まります。**

上位概念と下位概念の関係性は、次の４つに集約されます。

・抽象と具体（「具体的には？」に対する答え）の関係
・主張と根拠の関係（「なぜ？」に対する答え）
・論点と答えの関係（「この論点に対する情報は？」とその答え）
・上位情報に対する論点の提示（「この情報を整理するための論点は？」に対する答え）の関係

そのため、各階層にはメッセージを書くこともあれば、論点を書くこともあります。また、上位概念の主張に対する根拠や、具体化した情報を示すこともあります。

あまり細かいことは気にする必要はありませんが、ボディを作る際に各階層の関係性を理解しておけば、より精度の高いボディを作ることができます。

練習の段階では、各階層が論点、主張、根拠、具体化のどれを示すものなのかを確認するようにしましょう。

〈ステップ3〉
構成を定量化し、ボディの骨格をイメージする

なぜ定量化が有効なのか？

次に、スライドごとの情報を定量化してボディに落とす準備をします。

そもそも、なぜ定量化して整理する必要があるのでしょうか？

それは、箇条書きの内容をいきなりボディに落とすのは難しいからです。逆に言えば、定量化してボディのイメージが固まれば、ボディ作りの作業は簡単に進められます。

情報の構成を定量化するとは？

整理された情報からボディの骨格をイメージしてみましょう。整理された情報とボディには次の３つの関係性があります。

1. 情報の階層数（箇条書きの情報階層）
   a. 情報に階層は存在するのか？（2 階層以上になるのか？）
   b. 階層は何階層になるのか？
2. 各階層の情報の個数
   a. 各階層の情報はいくつあるのか？
3. 情報の次元数
   a. 情報は 1 次元か？
   b. 情報は 2 次元か？

ここで初めて“次元”という概念が出てきたので解説します。

情報の次元とは？

資料を作成する際に「情報の次元」を意識することはとても重要です。**次元とは、情報を整理するために使う「軸」の数のこと**です。ここでは、1次元と2次元について説明します。

まず、1次元の情報とは、シンプルに1つのリストのように、情報が1つの軸で並んでいる場合です。

たとえば、「タスク一覧」を考えてみてください。ここでは、「今週の予定」として「掃除」「買い物」「メール返信」などを箇条書きにするだけのイメージです。これが1次元の情報です。ここでは、リストの各項目が独立しており、単純に並んでいるだけなので、とてもシンプルで見やすく、1つ1つの項目に注目しやすいのが特徴です 図06-10 。

図06-10

【1次元】タイトル：今週の予定

・掃除
・買い物
・メール返信

次に、2次元の情報とは、情報が2つの軸に沿って整理されている場合です。

たとえば、先ほどの「今週の予定」を「タスク」と「所要時間」で整理した表を考えてみましょう。「掃除：1時間」「買い物：2時間」「メール返信：

30分」などのように、タスクの内容と所要時間を横と縦の軸で整理すると、視覚的に比較しやすくなります。2次元にすることで、情報の違いや類似性を一目で理解でき、さらに内容を深く読み取れるのです 図06-11 。

図06-11

【2次元】タイトル：今週の予定

・**タスク**

—掃除

—買い物

—メール返信

・**時間**

—掃除：1時間

—買い物：2時間

—メール返信：30分

なぜ3次元は避けたほうがよいのか？

では、3次元の情報を使うとどうなるでしょうか？

もし「タスク一覧」を「タスク」「所要時間」「優先度」という3つの軸で整理したとします。「掃除：1時間：優先度高」「買い物：2時間：優先度中」などと表にしていくと、情報がさらに詳細に分かれるため、一見便利に思えるかもしれません。

しかし、3次元になると、表を作っても情報が複雑にからみ合い、視覚的にわかりにくくなります。これが平面の資料だと、「タスク」「所要時間」「優先度」の3つの軸を無理に1枚に収めようとすると、それぞれの情報が分散してしまい、全体の見通しが悪くなります。立体的な図にしないと情報がうまく収まらないこともあり、結果として資料の読み手にとって理解しづらくなるのです。

また、人は一般的に２次元で情報を理解するのには慣れていますが、３次元になると情報の関連性を一度に把握するのが難しくなります。平面での表現において、３つ以上の軸を持つ情報を扱うと、読み手が迷ったり、誤解を生む原因になることが多いのです。

そして、資料は通常、スクリーンや紙という平面に表示されます。３次元情報を効果的に扱うには立体的なモデルや視点を変えられるインタラクティブなツールが必要になりますが、紙やスクリーンではそれが難しく、結果的に資料のわかりやすさが損なわれるのです。

そのため、情報を平面に落とすときには２次元までに収めることで、シンプルで理解しやすい資料に仕上げることができるのです。

特に、階層が複数になり、情報数も多くなってきたときには、１次元ではなく２次元で整理することでシンプルなボディに仕上げることが可能です 図 06-12 。

図 06-12

情報の構成を定量化しよう！

階層	情報	次元
箇条書き階層はいくつか？	各階層の情報はいくつか？	情報の次元はいくつか？
1階層 or 2階層 or 3階層 (4階層以上は極力控える)	(3階層なら…) 大情報 中情報2 小情報1	1次元 or 2次元 (3次元以上は控える)

各要素を定量化したときのボディの骨格イメージは次のようになります 図 06-13 図 06-14 。

図 06-13

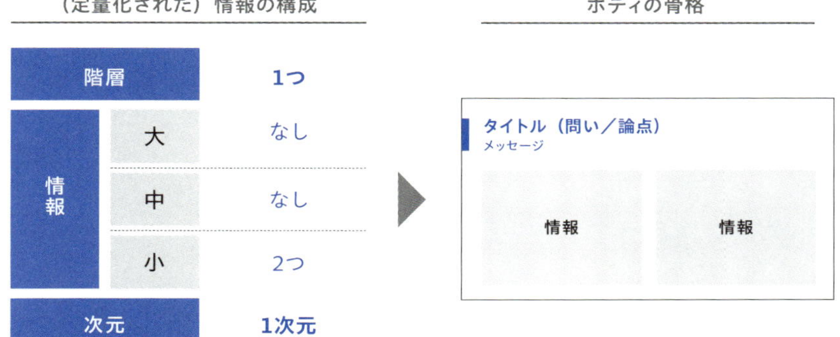

図 06-14

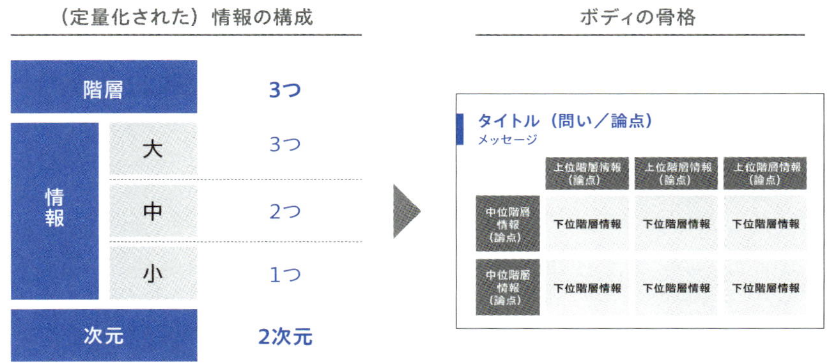

まだしっくりこないかもしれないので、具体的なボディイメージをお見せしながら、これまで整理した箇条書きとどのような関係があるのかを実例を踏まえて確認しましょう。

まず、箇条書きの階層とボディがどのように関係するかを見ていきます。

箇条書きの情報の階層とボディの関係性

階層が1つの情報は、シンプルに整理された情報です 図06-15 。

図06-15

一次元：情報が3つあるだけなら…

情報	情報	情報

たとえば、次のようなケースです。

タイトル：企業内育成を取り巻く環境の変化は？
メッセージ：外部環境の変化により、従来の学びが通用しなくなる
ボディ：

- 学ぶ動機の変化（Why）
- 学ぶ内容の変化（What）
- 学びの手法の変化（How）

これを図示すると、シンプルな1次元の整理になります 図06-16 。

図06-16
企業内育成を取り巻く環境の変化
外部環境の変化により今までの学びは通用しなくなっていく
学ぶ動機の変化
(Why)
学ぶ内容の変化
(What)
学ぶ手法の変化
(How)

情報に階層ができて2階層となると、次のように整理されます 図06-17 図06-18 (次ページ)。

図06-17
企業内育成を取り巻く環境の変化
外部環境の変化により今までの学びは通用しなくなっていく
学ぶ動機の変化
(Why)
学ぶ内容の変化
(What)
学ぶ手法の変化
(How)
機会を与える
だけでは学ばない
学ぶべき内容が
多種多様に広がる
ハイブリッド研修
が当たり前に

図 06-18

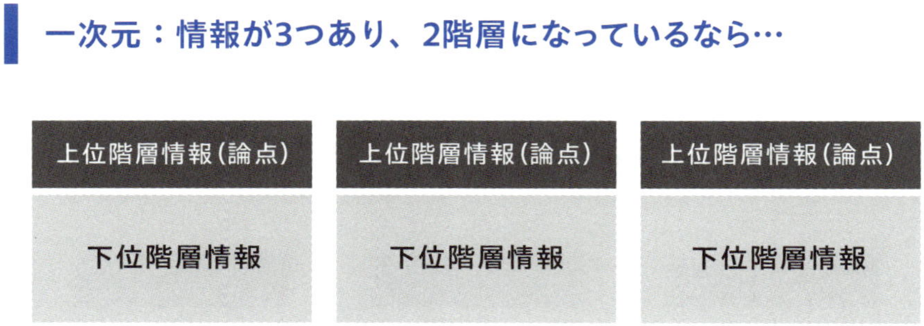

一次元：情報が3つあり、2階層になっているなら…

上位階層情報（論点）	上位階層情報（論点）	上位階層情報（論点）
下位階層情報	下位階層情報	下位階層情報

この場合のボディの箇条書きは次のようになります。

タイトル：企業内育成を取り巻く環境の変化は？
メッセージ：外部環境の変化により、従来の学びが通用しなくなる
ボディ：

- 学びの動機の変化（Why）
  - 機会を与えるだけでは学ばない
- 学ぶ内容の変化（What）
  - 学ぶべき内容が多様化している
- 学び手法の変化（How）
  - ハイブリッド研修が一般的になっている

さらに階層が増えて３階層になると、次のようになります 図 06-19 図 06-20 。

図 06-19

一次元：3階層になるなら…

上位階層情報（論点）		上位階層情報（論点）	
上位階層情報（論点）	上位階層情報（論点）	上位階層情報（論点）	上位階層情報（論点）
下位階層情報	下位階層情報	下位階層情報	下位階層情報

図 06-20

企業内育成を取り巻く環境の変化

マクロ環境とミクロ環境の変化により今までの学びは通用しなくなっていく

マクロ環境の変化		ミクロ環境の変化		
オンライン研修の活性化	学習データ取得の活発化	学ぶ動機（Why）	学ぶ内容（What）	学ぶ手法（How）
COVID-19	人的資本開示			
コロナにより内製研修のオンライン化を加速	人的資本開示によりデータ取得の必要性が加速	機会を与えるだけでは学ばない	学ぶべき内容が多種多様に広がる	ハイブリッド研修が当たり前に

この場合のボディの箇条書きは次のようになります。

タイトル：企業内育成を取り巻く環境の変化は？
メッセージ：外部環境の変化により、従来の学びが通用しなくなる
ボディ：

- マクロ環境の変化
  - オンライン研修の活性化
    - コロナにより内製研修のオンライン化が加速
  - 学習データの活用
    - 人的資本開示によりデータ取得の必要性が高まる
- ミクロ環境の変化
  - 学びの動機の変化（Why）
    - 機会を与えるだけでは学ばない
  - 学ぶ内容の変化（What）
    - 学ぶべき内容が多様化している
  - 学び手法の変化（How）
    - ハイブリッド研修が一般的になっている

このように、階層を増やして資料に反映することが可能です。ただし、基本的には階層は２つ、多くても３つまでにしておくのが、シンプルな資料を作る上での鉄則です。

３階層以上になると、情報の認識が難しくなります。もし、階層が３つを超えるのであれば、資料を分けることをおすすめします。ただし、階層全体として示したい場合は、次のように見せ方を工夫するとよいでしょう 図 06-21 。

図 06-21

一次元：4階層以上になるなら…

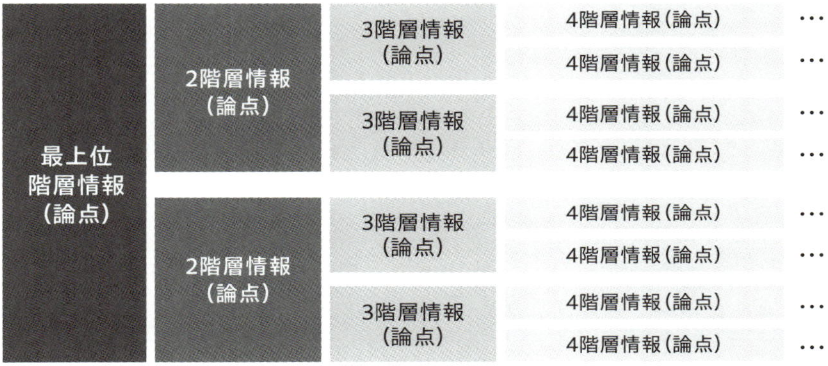

<table>
<tr><td rowspan="8">最上位
階層情報
（論点）</td><td rowspan="4">2階層情報
（論点）</td><td rowspan="2">3階層情報
（論点）</td><td>4階層情報（論点）</td><td>…</td></tr>
<tr><td>4階層情報（論点）</td><td>…</td></tr>
<tr><td rowspan="2">3階層情報
（論点）</td><td>4階層情報（論点）</td><td>…</td></tr>
<tr><td>4階層情報（論点）</td><td>…</td></tr>
<tr><td rowspan="4">2階層情報
（論点）</td><td rowspan="2">3階層情報
（論点）</td><td>4階層情報（論点）</td><td>…</td></tr>
<tr><td>4階層情報（論点）</td><td>…</td></tr>
<tr><td rowspan="2">3階層情報
（論点）</td><td>4階層情報（論点）</td><td>…</td></tr>
<tr><td>4階層情報（論点）</td><td>…</td></tr>
</table>

情報数から構成を確認しよう

構成を決める要素として情報数も重要です。
特に、階層と合わせて確認することが必要です。
各階層ごとの情報数を考えましょう。

階層が１つの場合

情報が１つの場合、シンプルに整理されます 図 06-22 （次ページ）。

図06-22

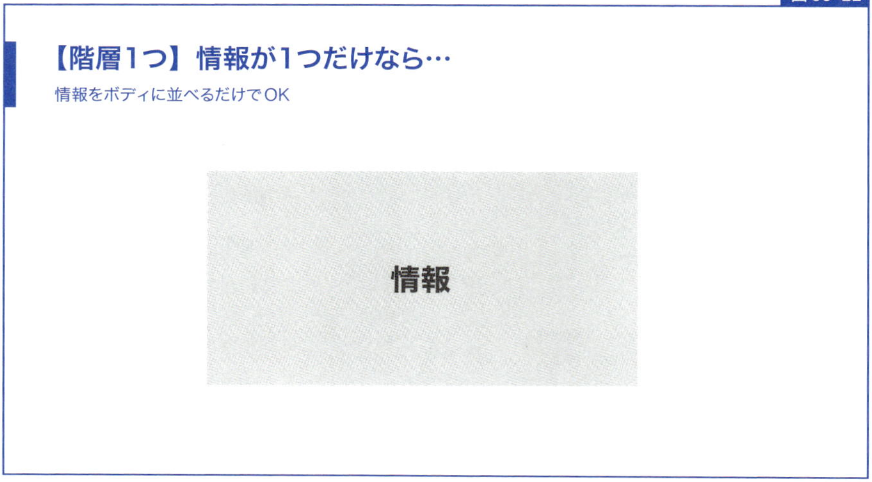

【階層1つ】情報が1つだけなら…

情報をボディに並べるだけでOK

情報

具体例は次の通りです 図06-23 。

タイトル：今期の売上目標達成見込みは？

メッセージ：今期は2月時点で達成済み

ボディ：（根拠となる情報を入れる）

・年間の達成見込みグラフ

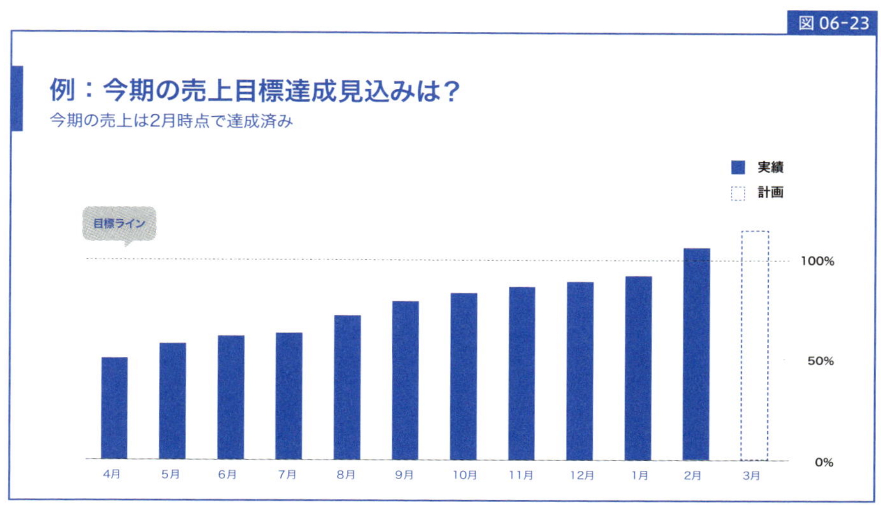

階層が 1 つで情報が 2 つ並ぶ場合

同様に次のように情報が並びます 図 06-24 図 06-25 (次ページ)。

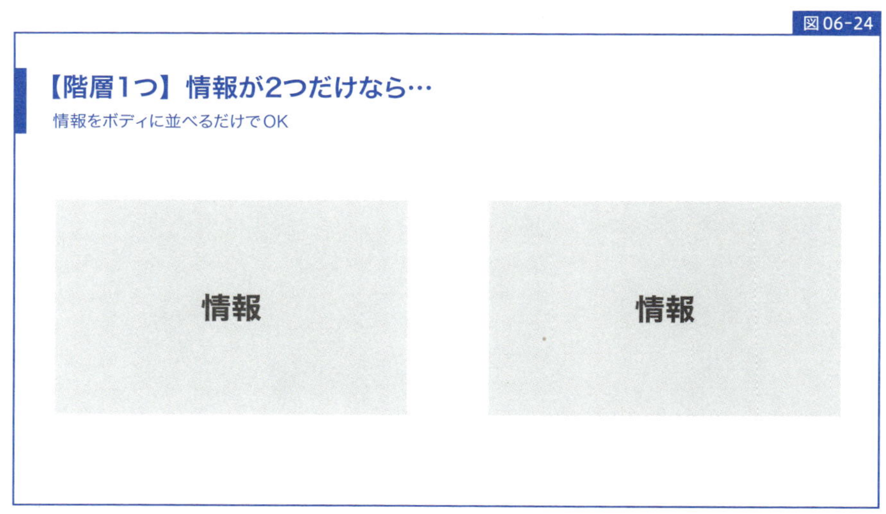

図 06-25

【階層1つ】情報が2つなら…

情報をボディに並べるだけでOK

情報

情報

情報を横に並べるか、それとも縦に並べるのかについては、情報量をかんがみて視認性の観点から判断してください。スライドのサイズ（16:9か4:3かなど）によっても異なりますが、情報が長い文章になるときには縦に情報を並べたほうが見やすくなります。

階層が1つで情報が3つの場合

同様に次のように情報が並びます 図 06-26 。

図 06-26

【階層1つ】情報が3つなら…

情報をボディに並べるだけでOK

情報　情報　情報

具体例は次の通りです。

タイトル：企業内育成を取り巻く環境の変化は？
メッセージ：外部環境の変化により従来の学びが通用しなくなる
ボディ：
・学ぶ動機の変化（Why）
・学ぶ内容の変化（What）
・学び手法の変化（How）

これは情報が1階層で、情報数は3つです。階層がないため、階層間の情報差はありません 図 06-27 （次ページ）。

2 階層の場合

2 階層で整理された場合についても考えましょう。

2 階層で情報が 1 つずつぶら下がる場合は次のようになります 図 06-28 。

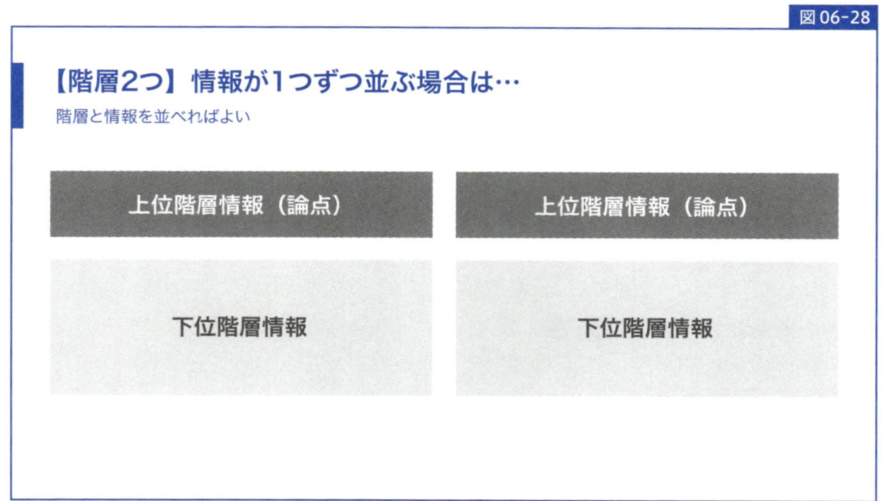

第４章で紹介した、お菓子メーカーの海外市場への参入の資料(83ページ)を見てみましょう 図06-29 図06-30 (次ページ)。

タイトル：X 国への市場参入においてベンチマークすべき競合は？
メッセージ：市場は成熟し、寡占化されている。リーダーの旨みが大きく、規模ナンバーワンの P 社をベンチマークすべき
ボディ：
- X 国のお菓子市場規模推移
    - 市場規模のデータグラフ
- お菓子メーカーの X 国市場シェア
    - 市場シェアのデータグラフ

図 06-29

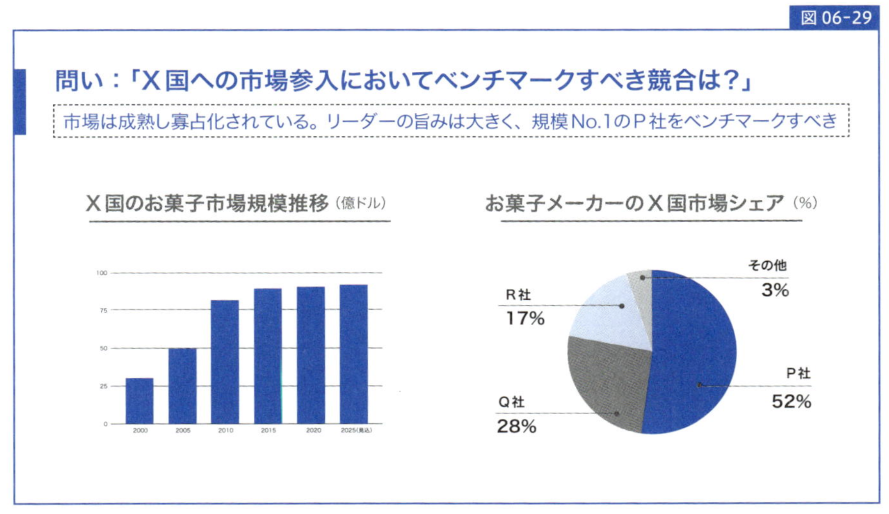

図 06-30

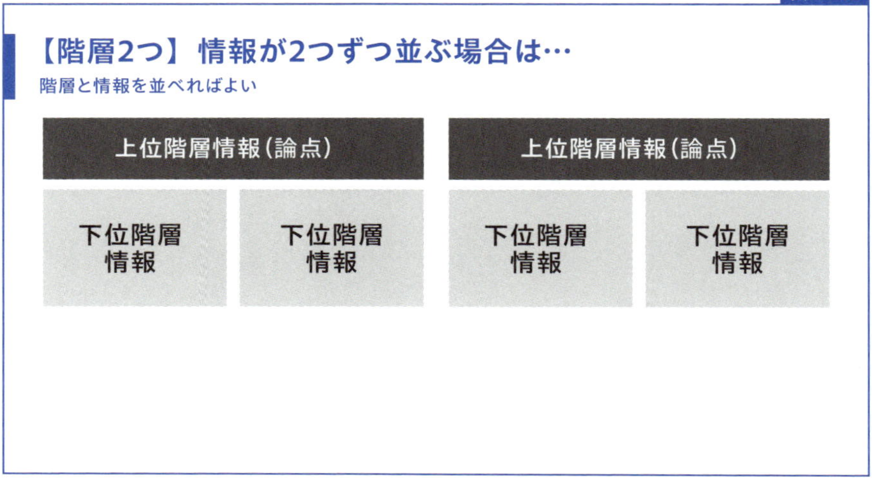

【階層2つ】情報が2つずつ並ぶ場合は…

階層と情報を並べればよい

上位階層情報（論点）		上位階層情報（論点）	
下位階層情報	下位階層情報	下位階層情報	下位階層情報

上位概念と下位概念の関係性は、先ほど述べた通り、次のように整理されます。

- 主張と根拠の関係（「なぜ？」に対する答え）
- 抽象と具体の関係（「具体的には？」に対する答え）
- 論点と答えの関係（この論点に対する情報は？）
- 上位情報に対する論点の提示（この情報を整理するための論点は？）

情報が３つ並ぶときの具体例は次のようになります 図 06-31 図 06-32 。

図 06-31

【階層2つ】情報が3つずつ並ぶ場合は…

階層と情報を並べればよい

上位階層情報（論点）			上位階層情報（論点）		
下位階層情報	下位階層情報	下位階層情報	下位階層情報	下位階層情報	下位階層情報

図 06-32

今後の事業方針

マーケティングとセールスの双方を強化し、事業拡大を目指す

マーケティング強化

✓ 認知施策の実施
✓ SEOの強化
✓ ブランドメッセージの変更

セールス強化

✓ 営業人員の採用強化
✓ 営業方法の型化
✓ セールストークの改善

タイトル：今後の事業方針は？
メッセージ：マーケティングとセールスの双方を強化し、事業拡大を目指す
ボディ：

・マーケティング強化
　・認知施策の実施
　・SEO の強化
　・ブランドメッセージの変更
・セールス強化
　・営業人員の採用強化
　・営業方法の型化
　・セールストークの改善

3 階層の場合

３階層以上で情報が複雑になる場合は、次元を“分けて”整理します。仮に１次元で表現するのであれば、情報を２つの軸で整理します。階層が３つあり、それぞれの階層に情報が位置づけられる場合は次のように整理されます（図 図 06-33 図 06-34 ）。
（※２次元での表現はこのあと解説します。）

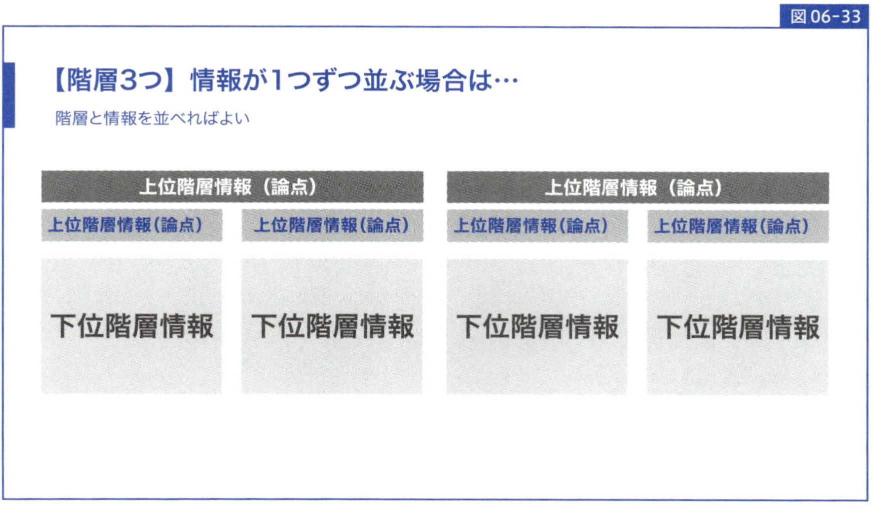

図 06-34

問い：「X 国への市場参入のチャンスはあるか？」

市場は成熟期を迎える。大手が安住しているなら、商品開発力のある自社にもチャンスあり

X 国の市場規模推移（億ドル）

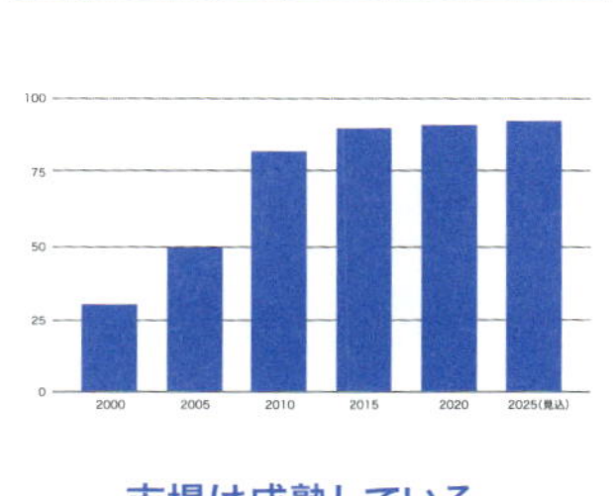

市場は成熟している

お菓子メーカーの X 国市場シェア（億円）

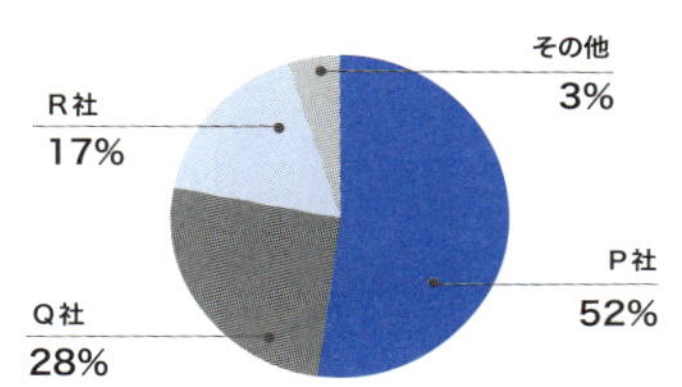

競合シェアは大きくブランド認知が必要

具体例は次の通りです 図 06-35 （次ページ）。

タイトル：X 国への市場参入においてベンチマークすべき競合は？
メッセージ：市場は成熟し、寡占化されている。リーダーの旨みは大きく規模ナンバーワンの P 社をベンチマークすべき
ボディ：

- X 国のお菓子市場規模推移
  - 市場は成熟している
    - 市場規模のデータグラフ
- お菓子メーカーの X 国市場シェア
  - 競合シェアは大きくブランド認知が必要
    - 市場シェアのデータグラフ

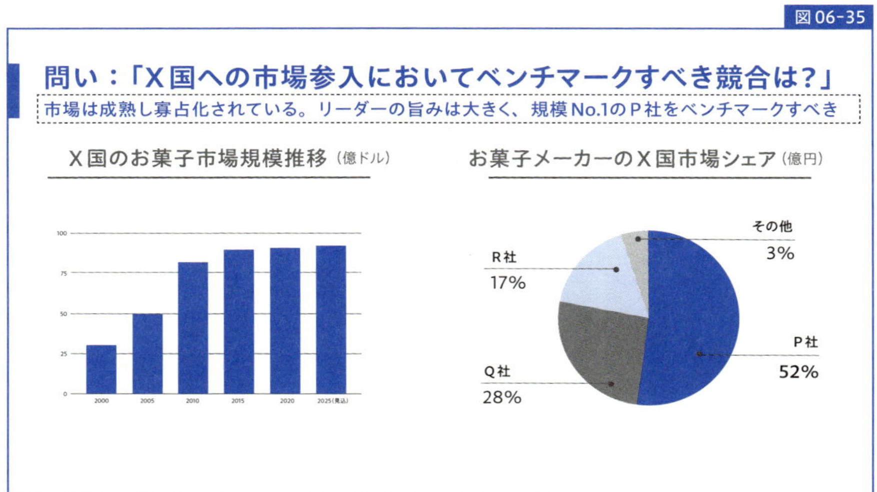

たとえば階層が3つあり、2階層目に3つの情報が並び1次元で整理する場合は次のようになります 図 06-36 図 06-37 。

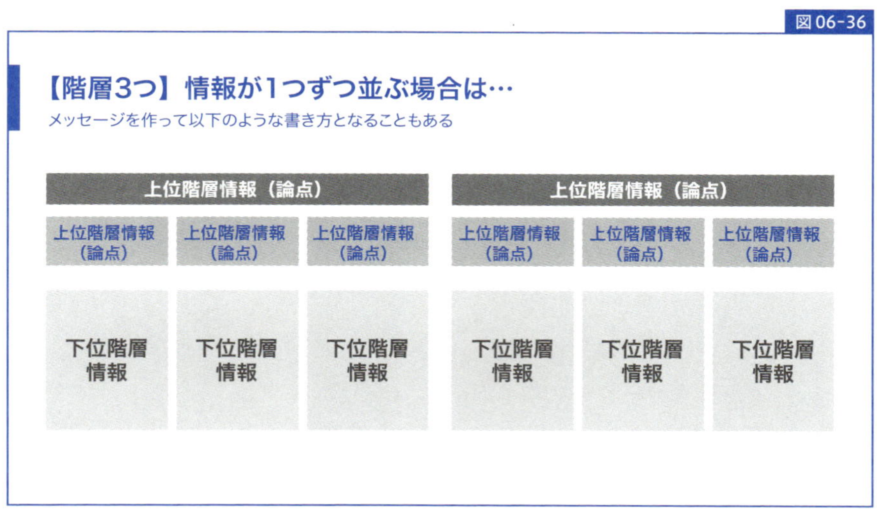

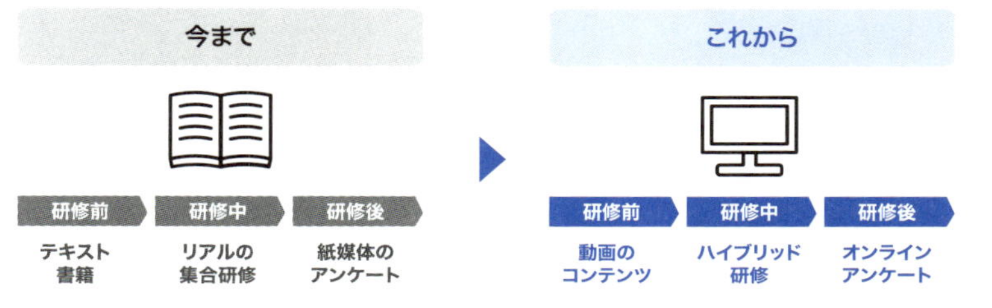

具体例は次の通りです。

タイトル：研修提供方法の変化は？

メッセージ：コロナの影響で、オンラインを前提とした研修・学習に変化している

ボディ：

- 今まで
  - （論点の提示）研修前
    - （論点に対する答え）テキスト書籍
  - （論点の提示）研修中
    - （論点に対する答え）リアルの集合研修
  - （論点の提示）研修後
    - （論点に対する答え）紙媒体のアンケート
- これから
  - （論点の提示）研修前
    - （論点に対する答え）テキスト書籍

・（論点の提示）研修中
　・（論点に対する答え）リアルの集合研修
・（論点の提示）研修後
　・（論点に対する答え）紙媒体のアンケート
　・（上位概念の主張に対する根拠）環境変化が急速

このように情報が箇条書きで整理されれば、自然とボディの構成に変換できることがおわかりいただけると思います。ただし、これでは情報が多くなりすぎることがあるため、その場合は「次元」で整理、つまり複数の軸を使って整理します。そのやり方を解説します。

次元で整理しよう

たとえば、先ほどの例題を見てください。

「今まで」と「これから」という論点に対して、次の階層も「研修前」「研修中」「研修後」といった同じ文言で整理されているケースがあります。そのときには、この２つをまとめて２軸で表現するときれいに整理できます 図06-38 。

図 06-38

研修の提供方法の変化（Afterコロナ）

コロナ禍の影響から、オンラインを前提とした研修・学習に変化している

	研修前	研修中	研修後
今まで	テキスト書籍	リアル集合研修	紙媒体のアンケート
これから	動画コンテンツ	ハイブリッド研修	オンラインアンケート

オンラインを含めた学びの提供がスタンダードに

2階層目の同じ論点をまとめました。「研修前」「研修中」「研修後」という横方向の「流れの軸」と、「今まで」「これから」という縦方向の「時間の軸」の2軸で情報を整理しました。

一定の情報量を含むスライドを作りつつ、シンプルな構成にするためには、2次元で整理することが必要になることが多々あります。

ここで注意していただきたいのは、**3次元での整理（軸が3つ）は基本的には行なわない**ということです。なぜなら、スライドは2次元で表現するものだからです。3次元だと視認性や人の認識を超えた図になってしまうことが多いため、なるべく使わないのが原則です。

また、今までの解説からもおわかりの通り、2次元で整理するときは情報の階層が3つ以上の場合に限ります。情報が3階層以上になったときは、まず2次元で表現できないかを考えてみましょう。2次元にできれば、スマートな骨格を作ることができます。

図で表現すると次のようになります 図 06-39 。

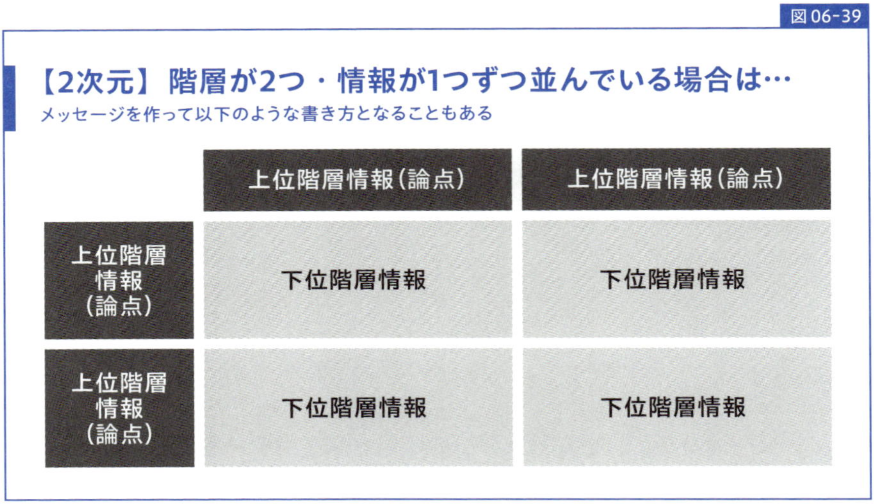

図 06-39

【2次元】階層が2つ・情報が1つずつ並んでいる場合は…

メッセージを作って以下のような書き方となることもある

	上位階層情報(論点)	上位階層情報(論点)
上位階層情報(論点)	下位階層情報	下位階層情報
上位階層情報(論点)	下位階層情報	下位階層情報

箇条書きにすると次の通りです。スライドは 図 06-40 のようになります。

タイトル：プレゼンテーション時にはいつ資料を渡すべきか？

メッセージ：メリットとデメリットを挙げた上で資料を渡すタイミングを決めるべし

ボディ：

- 事前配布
  - (論点の提示) メリット
    - (論点に対する答え) プレゼンの全体像を理解できる
    - (論点に対する答え) 興味のある箇所を特定できる
  - (論点の提示) デメリット
    - (論点に対する答え) プレゼンテーションに集中せずに資料ばかり見るリスクがある
- 事後配布
  - (論点の提示) メリット
    - (論点に対する答え) プレゼンに集中してもらえる

・（論点に対する答え）プレゼンが響いているかどうかを確認できる
・（論点の提示）デメリット
・（論点に対する答え）聞き漏らした際に話の全体像が理解できなくなるリスクがある

図 06-40

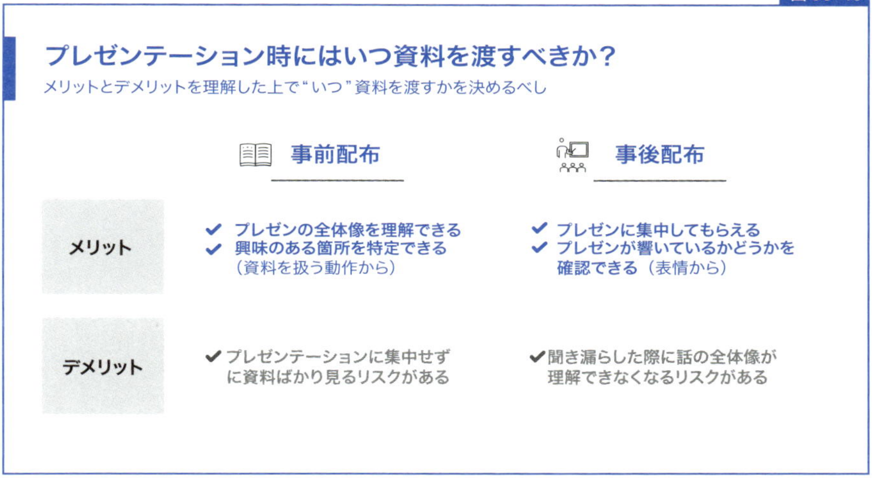

プレゼンテーション時にはいつ資料を渡すべきか？

メリットとデメリットを理解した上で"いつ"資料を渡すかを決めるべし

	事前配布	事後配布
メリット	✔ プレゼンの全体像を理解できる ✔ 興味のある箇所を特定できる（資料を扱う動作から）	✔ プレゼンに集中してもらえる ✔ プレゼンが響いているかどうかを確認できる（表情から）
デメリット	✔ プレゼンテーションに集中せずに資料ばかり見るリスクがある	✔ 聞き漏らした際に話の全体像が理解できなくなるリスクがある

なお、このときは、「事前配布 or 事後配布」という論点と、「メリット or デメリット」の論点をどちらに上位にするべきかについてはあまり考える必要はありません。それぞれを縦と横に配置をするので、上下関係はほとんどないといってもよいでしょう。

また、この中で階層が生まれるパターンもあるでしょう。

例を 1 つ挙げましょう。

次のような複数の階層が混じった複雑な構成であっても、2 次元で表現することで整理できます 図 06-41（次ページ）。

図 06-41

来年度の事業方針

来年度は5つの方針を掲げ、短期的のみならず中長期的に勝てる事業を作る

自社が向き合うべき課題				課題解決の方向性
短期	事業	サービス認知度が低い	▶▶	❶ マーケティング投資の拡大
		顧客満足度が低い	▶▶	❷ 満足度の高いサービスへの改善
	組織	事業拡大に人員が追いつかない	▶▶	❸ 採用力強化
中長期	競争優位	持続的な競争優位性を作れていない	▶▶	❹ 競争優位のポイントの見極め
	文化醸成	組織拡大の際の文化醸成が未整備	▶▶	❺ 文化醸成プロジェクトの始動

箇条書きでは次のようになります。

タイトル：来年度の事業方針は？

メッセージ：来年度は５つの方針を掲げ、短期のみならず中長期的に勝てる事業を作る

ボディ：

- （大論点）自社が向き合うべき課題
  - （中論点の提示）短期
    - （小論点の提示）事業
      - （小論点に対する答え）サービス認知度が低い
      - （小論点に対する答え）顧客満足度が低い
    - （小論点の提示）組織
      - （小論点に対する答え）事業拡大に人員が追いつかない
  - （中論点の提示）中長期
    - （小論点の提示）競争優位

- （小論点に対する答え）持続的な競争優位性を作れていない
- （小論点の提示）文化醸成
  - （小論点に対する答え）組織拡大の際の文化醸成が未整備
- （大論点）課題解決の方向性
  - （中論点の提示）短期
    - （小論点の提示）事業
      - （小論点に対する答え）マーケティング投資の拡大
      - （小論点に対する答え）満足度の高いサービスへの改善
    - （小論点の提示）組織
      - （小論点に対する答え）採用力強化
  - （中論点の提示）中長期
    - （小論点の提示）競争優位
      - （小論点に対する答え）競争優位ポイントの特定
    - （小論点の提示）文化醸成
      - （小論点に対する答え）文化醸成プロジェクトの発足

このような感じです。

２次元にする場合、どちらを縦軸・横軸にするかはあまり気にする必要はありません。スライドのサイズと情報量に応じて決めればよいでしょう。また、このように縦軸・横軸で整理することで、情報の過不足などに気づくこともできます。

ここまでの解説で、論点の構成を定量化することで、ボディの骨格イメージが出来上がることをおわかりいただけたと思います。

応用編：
論理構成マップを頭の中に持っておこう！

論理構成は次の３つで定量化できると伝えました。

①箇条書きの階層数
②各階層の情報数
③（3 階層ある場合は）次元数

さらに、この骨格の精度を上げるためには、159 ～ 172 ページでお伝えした各階層の役割も把握しておくとよいでしょう。

原則としては次の４つになります。

・論点
・抽象化したラベル
・メッセージ
・ファクト

これらがわかれば、各階層の骨格をより詳細にイメージすることができます。各階層の大情報・中情報・小情報がどこに位置するのかということが明確になります。

階層マップを見てみましょう 図 06-42 図 06-43 図 06-44 図 06-45（180 ～ 187 ページ）。

ステップとしては、**「階層数の確認 → 情報数の確認 → 役割の確認 → 次元数の確認」** と進められればスライド骨子がイメージが湧くでしょう。

また、階層数が４つ以上になる場合は、「階層を統合して３つにできないか」とか、もしくは情報量が多ければ「別のスライドに分けられないか」などと考えてみてください。

改めて、論点の構成の３つのステップについて具体例を見ながら考えてみましょう。

たとえば、「若手の社会人は資料作成ノウハウを学ぶべきである」というメッセージを伝えるとします。

まず箇条書きで整理します。

若手社会人にとっての資料作成の重要性

- 資料作成ノウハウを学ぶべき
  - 今まで
    - 働き方
      - リアルがメイン
    - テクノロジー
      - 多様な表現ができず
  - これから
    - 働き方
      - オンラインがメイン
    - テクノロジー
      - 多様な表現が可能

箇条書きに整理したら次はスライドに整理します 図06-46（188 ～ 189ページ）。

スライドのタイトルやメッセージ、それを支えるボディとなる情報が見え

論理構成可視化マップ①

<table>
<tr><th rowspan="2">箇条書き階層数</th><th colspan="3">各階層情報数</th><th colspan="3">各階層の役割</th></tr>
<tr><th>大情報</th><th>中情報</th><th>小情報</th><th>大情報</th><th>中情報</th><th>小情報</th></tr>
<tr><td rowspan="2">1つ</td><td colspan="3">1つ</td><td colspan="3" rowspan="2">ファクト
or
メッセージ</td></tr>
<tr><td colspan="3">2つ</td></tr>
<tr><td rowspan="4">2つ</td><td rowspan="2">1つ</td><td colspan="2" rowspan="2">1つ</td><td>論点</td><td colspan="2">ファクト
or
メッセージ</td></tr>
<tr><td>メッセージ</td><td colspan="2">ファクト</td></tr>
<tr><td rowspan="2">1つ</td><td colspan="2" rowspan="2">2つ</td><td>論点</td><td colspan="2">ファクト
or
メッセージ</td></tr>
<tr><td>メッセージ</td><td colspan="2">ファクト</td></tr>
</table>

図 06-42

次元数	次元数
1つ	タイトルとメッセージ ファクト or メッセージ
	タイトルとメッセージ ファクト or メッセージ　ファクト or メッセージ
	タイトルとメッセージ 論点 ファクト or メッセージ
	タイトルとメッセージ ファクト メッセージ
	タイトルとメッセージ 論点 ファクト or メッセージ　ファクト or メッセージ
	タイトルとメッセージ ファクト or メッセージ　ファクト or メッセージ メッセージ

論理構成可視化マップ②

箇条書き階層数	各階層情報数			各階層の役割		
	大情報	中情報	小情報	大情報	中情報	小情報
2つ	2つ	1つ		論点	ファクト or メッセージ	
				メッセージ	ファクト	
	2つ	2つ		論点	ファクト or メッセージ	
				メッセージ	ファクト	

図06-43

次元数
次元数
1つ
タイトルとメッセージ
論点
論点
ファクト or メッセージ
ファクト or メッセージ
タイトルとメッセージ
ファクト
ファクト
メッセージ
メッセージ
タイトルとメッセージ
論点
論点
ファクト or メッセージ
ファクト or メッセージ
ファクト or メッセージ
ファクト or メッセージ
タイトルとメッセージ
ファクト
ファクト
ファクト
ファクト
メッセージ
メッセージ

論理構成可視化マップ③

箇条書き階層数	各階層情報数			各階層の役割		
	大情報	中情報	小情報	大情報	中情報	小情報
3つ	1つ	1つ	1つ	論点	論点	ファクト or メッセー
				論点	メッセージ	ファク
	2つ	1つ	1つ	論点	論点	ファクト or メッセー
				論点	メッセージ	ファク

図06-44

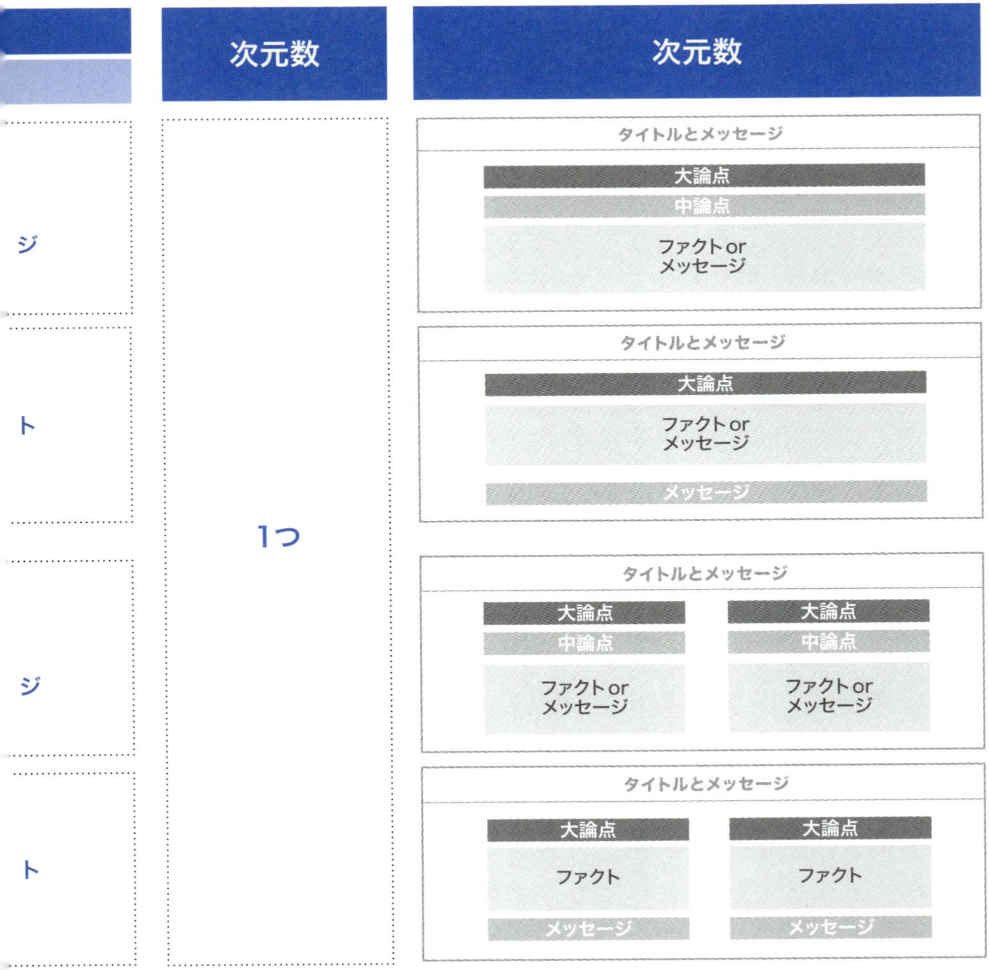

	次元数	次元数
ジ	1つ	タイトルとメッセージ 大論点 中論点 ファクトor メッセージ
ト		タイトルとメッセージ 大論点 ファクトor メッセージ メッセージ
ジ		タイトルとメッセージ 大論点 / 大論点 中論点 / 中論点 ファクトor メッセージ / ファクトor メッセージ
ト		タイトルとメッセージ 大論点 / 大論点 ファクト / ファクト メッセージ / メッセージ

論理構成可視化マップ④

箇条書き階層数	各階層情報数			各階層の役割		
	大情報	中情報	小情報	大情報	中情報	小情報
3つ	2つ	2つ	2つ	論点	メッセージ	ファク
				論点	論点	ファクト or メッセー

図06-45

	次元数	次元数
ト	1つ	タイトルとメッセージ 大論点: ファクト / メッセージ、ファクト / メッセージ 大論点: ファクト / メッセージ、ファクト / メッセージ
		タイトルとメッセージ 大論点: 中論点 ファクトorメッセージ、中論点 ファクトorメッセージ 大論点: 中論点 ファクトorメッセージ、中論点 ファクトorメッセージ
ジ	2つ	タイトルとメッセージ 大論点 / 大論点 中論点: ファクトorメッセージ、ファクトorメッセージ 中論点: ファクトorメッセージ、ファクトorメッセージ

論点構成の可視化に向けた3ステップの活用例

情報を書き出し箇条書き

若手社会人にとっての
資料作成の重要性

- 資料作成ノウハウを学ぶべき
  - ○ 今まで
    - ▪ 働き方
      - ・リアルがメイン
    - ▪ テクノロジー
      - ・多様な表現ができず
  - ○ これから
    - ▪ 働き方
      - ・オンラインがメイン
    - ▪ テクノロジー
      - ・多様な表現が可能

スライド構成に再整理

問い（タイトル）	若手社会人にとっての資料作成の重要性
主張（メッセージ）	若手社会人は資料作成ノウハウを学ぶべき

情報（ボディ）

- 今まで
  - ○ 働き方
    - ▪ リアルがメイン
  - ○ テクノロジー
    - ▪ 多様な表現ができず
- これから
  - ○ 働き方
    - ▪ オンラインがメイン
  - ○ テクノロジー
    - ▪ 多様な表現が可能

図 06-46

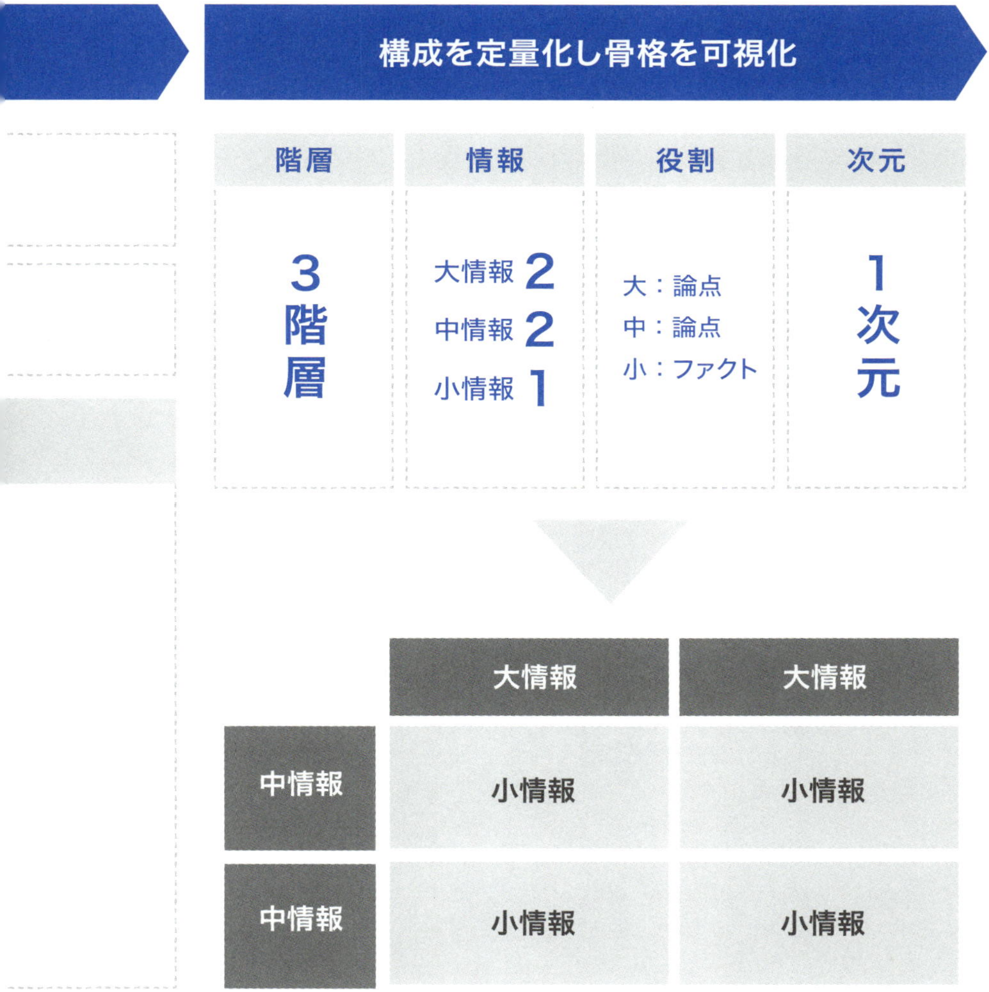

構成を定量化し骨格を可視化

階層	情報	役割	次元
3階層	大情報 2 中情報 2 小情報 1	大：論点 中：論点 小：ファクト	1次元

	大情報	大情報
中情報	小情報	小情報
中情報	小情報	小情報

てきます。

タイトル＝論点（問い）：若手社会人にとっての資料作成の重要性
主張＝メッセージ：環境変化がある今、若手社会人は資料作成ノウハウを学ぶべき
ボディ情報：

- 今まで
  - 働き方
    - リアルがメイン
  - テクノロジー
    - 多様な表現ができず
- これから
  - 働き方
    - オンラインがメイン
  - テクノロジー
    - 多様な表現が可能

これを定量化していくと、階層数は３つ、情報は大カテゴリの情報＝論点が２つ（今まで／これから）、中カテゴリの情報＝論点も２つ（働き方／テクノロジー）それにぶら下がる情報は中カテゴリに対して１つずつ、次元は２次元（「今まで／これから」「働き方／テクノロジー」の２つの軸で整理できる）とわかります 図06-46（188～189ページ）。

ここまで整理できれば、次のような骨格になることが見えます 図06-47 。

図06-47

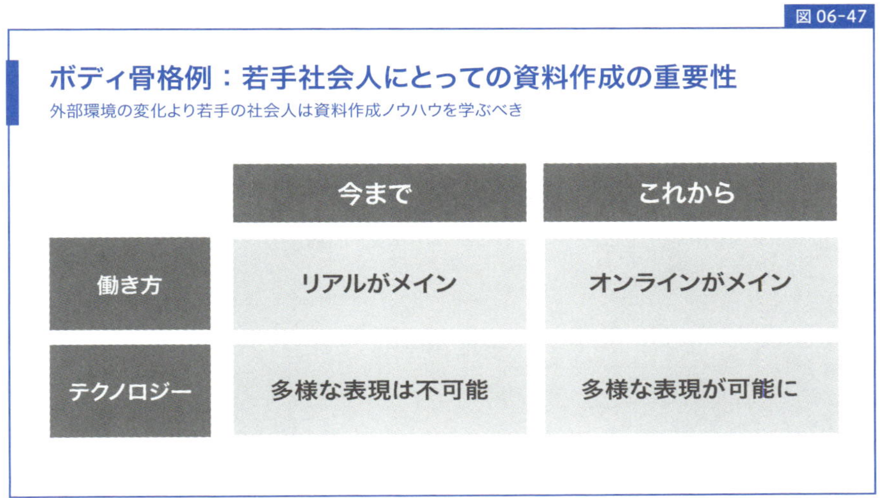

初めは苦労するかもしれませんが、慣れてくれば最初から各スライドの位置づけを整理しながら、箇条書きを作成できるようになります。

情報の構成を整理する力が上がれば、資料作成能力も飛躍的に上がりますし、短時間で作成できるようになります。ぜひ箇条書きをして構造で捉えることを普段から意識してください。

情報の関係性を捉える

次は情報同士の関係性の捉え方を解説します。いくつかパターンがあるので覚えましょう。

そもそも、なぜ情報同士の関係性を捉えることが重要なのでしょうか？理由は、少ない文字数で伝えるべきことを伝えられるようになるからです。

たとえば、関係性が図式化されていないスライドと図式化されたスライドを比べてみてください 図06-48 図06-49 。

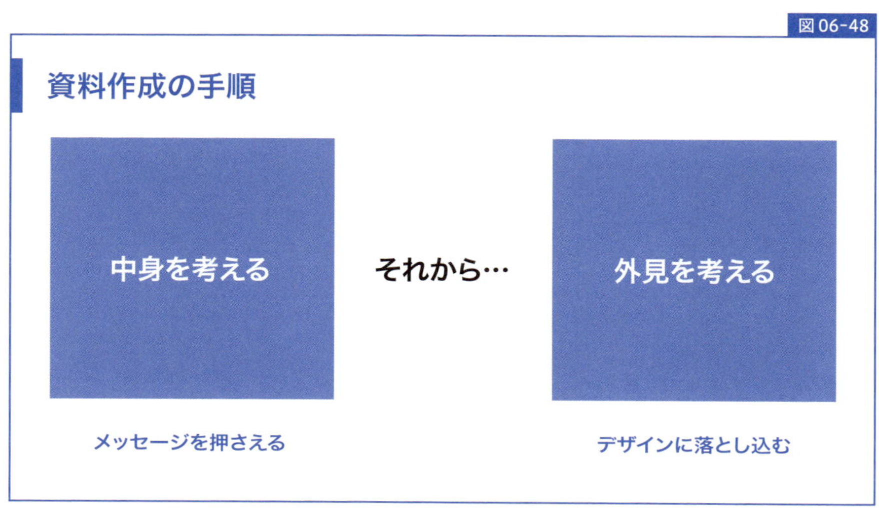

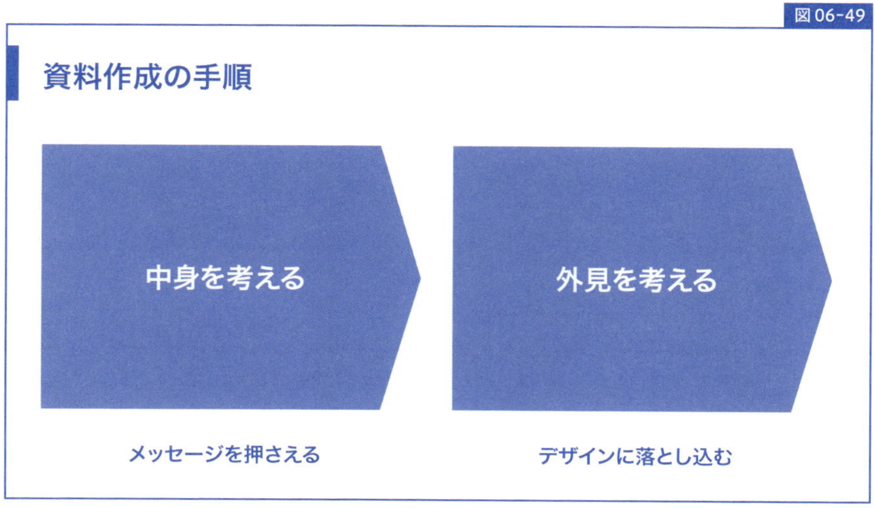

関係性が図式化されていないと、関係性を文字で説明する必要があり、結果としてスライド内の情報量が増えて、場合によっては見づらくなってしまいます。また、いちいち文字を読まなければならないため、相手が理解するのに時間がかかってしまいます。

なるべく短い情報量でスムーズに理解してもらうためにも、情報同士の関係性を図式化することが重要になります。

情報の関係性のパターン

情報の関係性のパターンをいくつかお見せしましょう。このパターンを頭に入れておけば、迷わずに図式化できます。

まず代表的なものとして、並列やプロセスがあります。

また、大小についても文字で説明するではなく、図で表現できればわかりやすくなります。

よく使われるのは、相関関係と循環関係の２つです。

相関関係には、「並列」「大小」「包含」「位置」「階層」があります。一方、循環関係には、「順列」「プロセス」「移行」「成長」「循環」があります

図 06-50 図 06-51 図 06-52 図 06-53 (194 ～ 195 ページ)。

図06-50

論理関係を図で表現する①（相関）

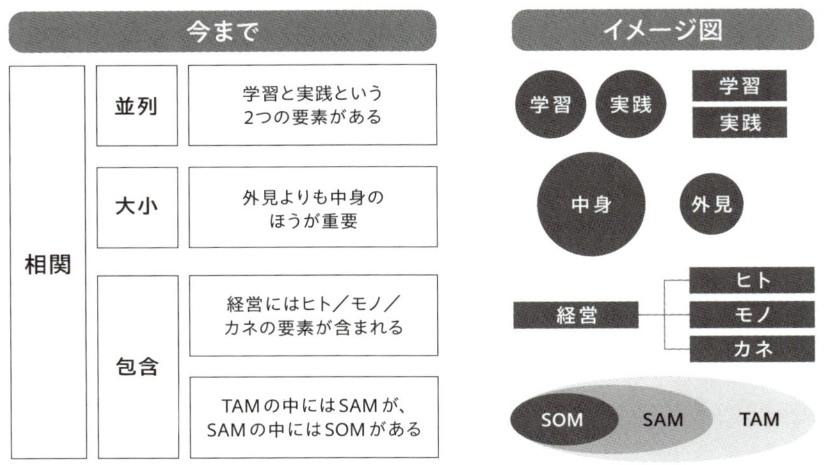

図06-51

論理関係を図で表現する②（相関）

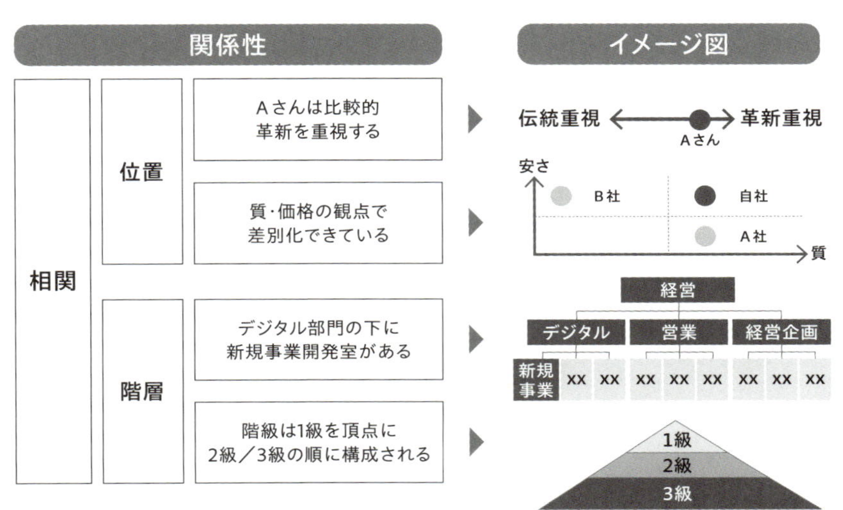

図 06-52

論理関係を図で表現する③（流動）

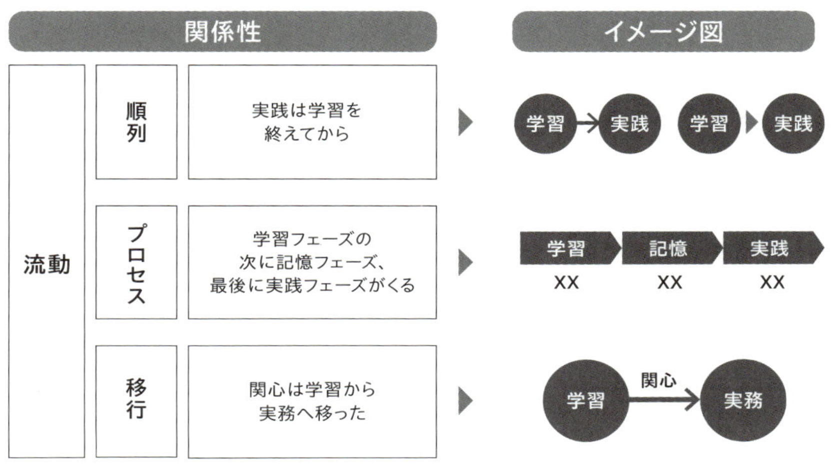

図 06-53

論理関係を図で表現する④（流動）

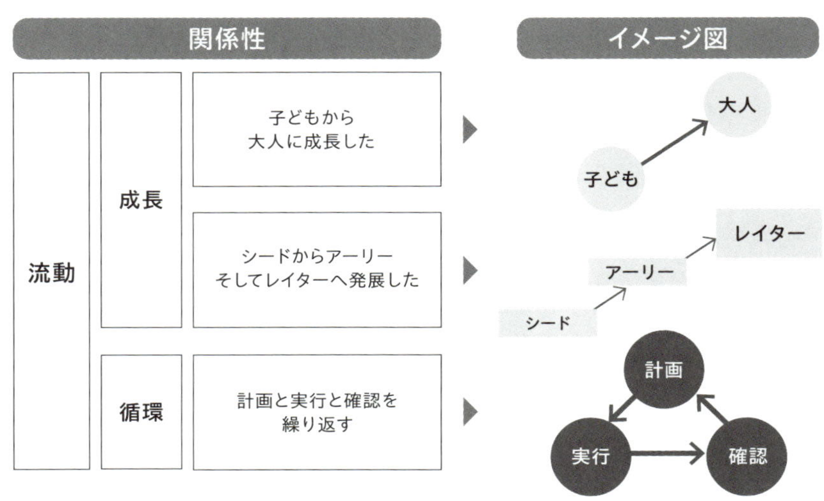

関係性を見るポイントは同階層内+階層間

関係性といっても、何と何の関係性を見ればよいのでしょうか？
まず大まかに次の２つを見るようにしてください。

・同階層内の情報同士の関係
・階層間同士の関係

たとえば「同階層内の関係は並列なのか」「大情報と中情報の関係は順列なのか、あるいは包含なのか」などを見ていくとスムーズに情報を記載できます。

ボディに落とす

ここまでわかれば、迷うことなくボディに落とすことができます。
まず情報の構成を考えて定量化する。次に、その関係性を見れば、結局どのようなボディデザインにすればよいのかがある程度自動的に決まってきます。
たとえば、「階層は１つ」「情報は２つ」「一次元」「情報同士の関係性は並列」であれば、次のようなシンプルな図になります 図06-54 。

図 06-54

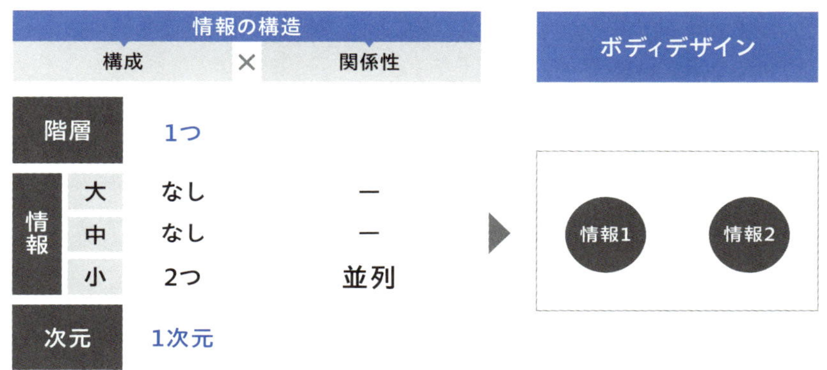

また、「階層は３つ」「大情報が３つ、中情報が２つ、小情報が１つ」「２次元」であれば、次のような、よく見かけるスライドになるわけです 図 06-55 。

図 06-55

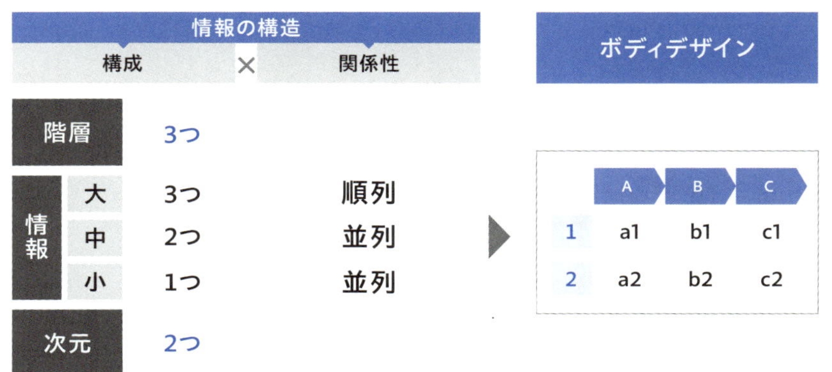

逆に言えば、ボディのデザインをどうしようかと悩むのであれば、そもそも情報の構成と関係性が整理されていないということになります。

悩んだら「どのような論点に対してどのような情報を伝えようとしているのだろうか?」「それらの情報の関係性はどのようなものだろう?」と考えましょう。それが整理できれば、ボディのデザインに悩むことはなくなります。

資料作りはスライド骨子まで先に作り込む

上記を踏まえて、スライド作りを行なう際には、ストーリーラインを描き、ボディ情報を整理し、骨格に落とし込むことまでの一連の作業を行なってからデザインに取りかかることをおすすめします。

たとえば、次のように骨子を作ります。

1. 本日の概要
    a. 資料作成能力向上の必要性を伝えたい
        i. 伝えること
            1. 資料作成の必要性
        ii. ゴール
            1. 資料作りをがんばろうと思ってもらうこと
            2. 資料作成動画を見ようと思ってもらうこと
2. 資料作成が必要な背景
    a. 外部環境の変化より人を動かす重要性が増している
        i. 今まで
            1. 働き方
                a. リアルがメイン
            2. テクノロジー

a. 多様な表現ができず

ii. これから

1. 働き方

a. オンラインがメイン

2. テクノロジー

a. 多様な表現が可能

3. 現状：資料作成に関するメンバーの現状

a. スキルが低く業務の効率性が下がっている

i. 資料作成に時間がかかる

ii. 資料作成の質が低く顧客に伝わらない

4. 資料作成能力が上がることによる効用

a. 成果が出て、生産性が高まり、仕事が楽しくなる

i. 人を動かすことができる

1. 人は視覚情報が 9 割といわれている

ii. 生産性が高まる

1. ノウハウがあれば資料を作る時間は 1/5 にできる

iii. 仕事が楽しくなる

1. 成果が出るようになり仕事が楽しくなる

5. 資料作成能力を高めるために必要なこと

a. インプットとアウトプットが重要

i. インプット

1. 質の高い動画のインプット

ii. アウトプット

1. 何度も資料を作る

iii. 振り返り

1. 資料を作った内容を振り返る

6. 提案

a. まず資料作成の動画を見ることから始めよう！

i. おすすめの動画

1. 超実践！「わかる」を「できる」に　～伝わる資

料の作り方
ii. 動画のアクセス方法
1.XX リンクから

ここまでできれば、あとはボディの骨格を作っていきます。まず全体像を作ってから、デザインを調整するようにすれば、資料作成における「犬の道」を通ることなく、効率良く質の高い資料を作ることができます 図06-56 。

図06-56

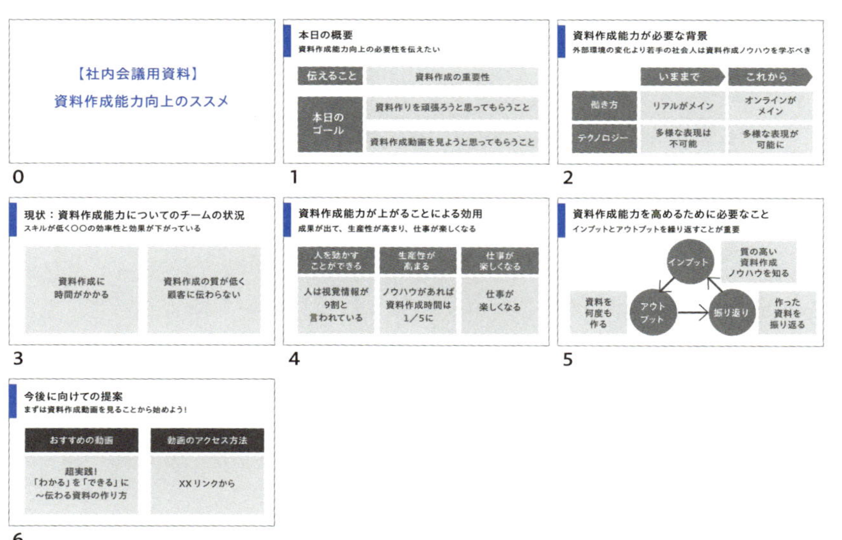

上司・メンバー間のレビューも骨子レベルで行なうべし

上司やメンバーとの間で資料の確認をすることはよくあります。これまで学んだステップを踏まえていただくことで、効率的かつ、メンバーの育成にもつながるレビューができるはずです。

よくあるのは、デザインも含めて資料をすべて作り切ってからレビューをしてもらうケースです。そのときに、期待されていた内容から大きくかけ離れてしまい、一から作り直したという経験はないでしょうか。

ここまで解説した資料作成のプロセス通りに進めれば、そうしたことは一切なくなります。

まず初めは、資料のゴールやスタート地点の分析、そしてそれに対するメッセージについて確認しましょう。それから、ストーリーについてすり合わせましょう。

ここまでの作業は、資料を使わずにドキュメントベース（箇条書きベース）でレビューをし合うとよいでしょう。

もしかしたら、ここまではやっている方が多いかもしれません。しかし、このあといきなりデザインを作ってしまったり、完成させてしまってから、レビューするというケースが少なくありません。そのときにも想定以上の認識のずれが起こりがちです。

そのため、**各スライドごとのメッセージとボディを箇条書きベースで確認することをおすすめします。**1つ1つのスライドのタイトル、メッセージ、ボディに載せる情報を確認します。さらに、ボディの骨格まで擦り合わせをすることをおすすめします。

ここまでやれば、たとえ上司から差し戻しされても、修正するパートは限定的で、手戻りが少なくなります。

メンバーは効率的に上司とすり合わせができますし、上司にとっても最後にやり直しを命じるストレスや、自分で仕事を巻き取るという負担がなくなります。

➔ 第6章まとめ

この章では、書き出した情報をどのように構造化し、ボディデザインに落とすかということをお伝えしてきました。

まずは「情報の構成×情報の関係性」で情報を整理すること、中でも論理構成や抽象度の整理のために、箇条書きが有効であることをご紹介しました。

また、構成を定量化し、ボディを作成していく具体的手順についてもご紹介しました。

次の章では、見やすいボディを作るためのデザインの基本を学びましょう。

第7章

デザインの重要性

――「減らす」「揃える」「空ける」

第 6 章までは、資料の中身にフォーカスしてきましたが、

この章では、見やすく伝わりやすい資料の整え方について

深く掘り下げていきます。

伝えたい内容を適切に伝えるために、

中身が大事になることは再三お伝えをしてきましたが、

デザインの力を借りることでより伝わる資料を作ることができます。

一緒にシンプルで見やすいデザインの資料作成の方法を

学んでいきましょう。

デザインの重要性

突然ですが、問題です。

下の 図07-01 のＡ～Ｆの中で、最も小さいものはどれでしょうか？

図07-01

【問題】一番小さいのはどれでしょうか？

ダメなデザイン

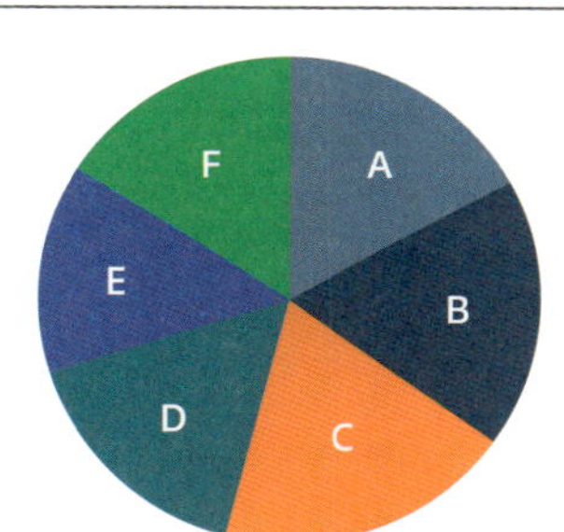

わかりやすいデザイン

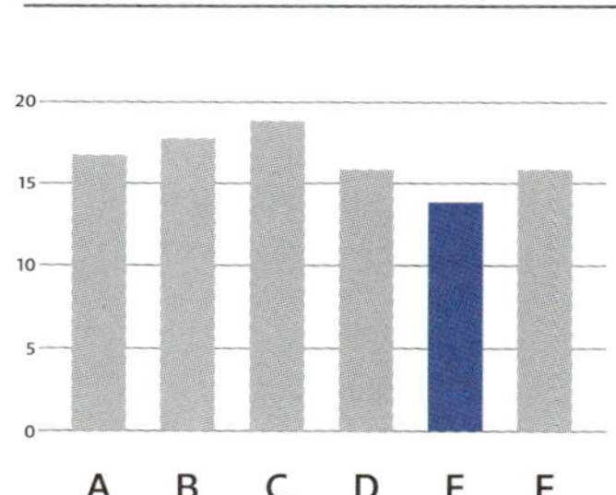

デザインが悪いと、すぐにはわかりません（左）。しかし、デザインが良ければ、すぐにわかりますよね（右）。

続いて次ページの 図07-02 をご覧ください。「S」はいくつあるでしょうか？

図 07-02

【問題】「S」はいくつあるでしょうか？

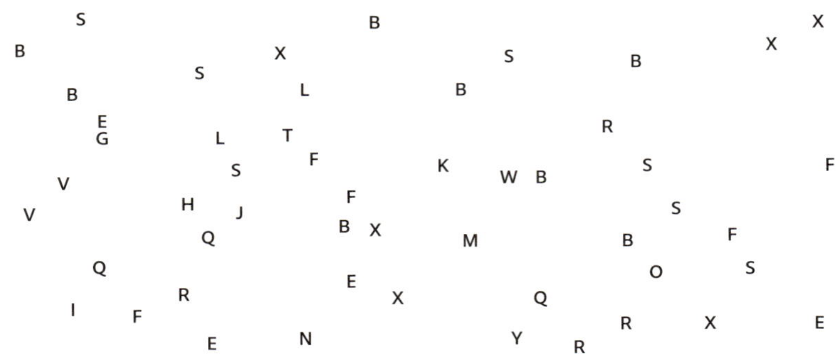

これもとっさにわかりません。
では、図 07-03 のようにしたらどうでしょうか？

図 07-03

【問題】「S」はいくつあるでしょうか？

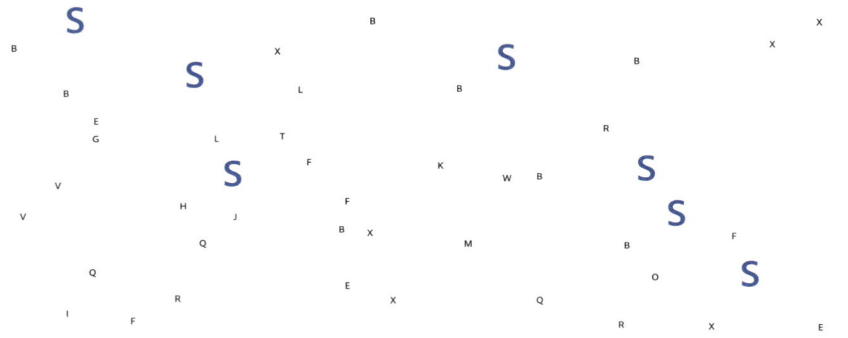

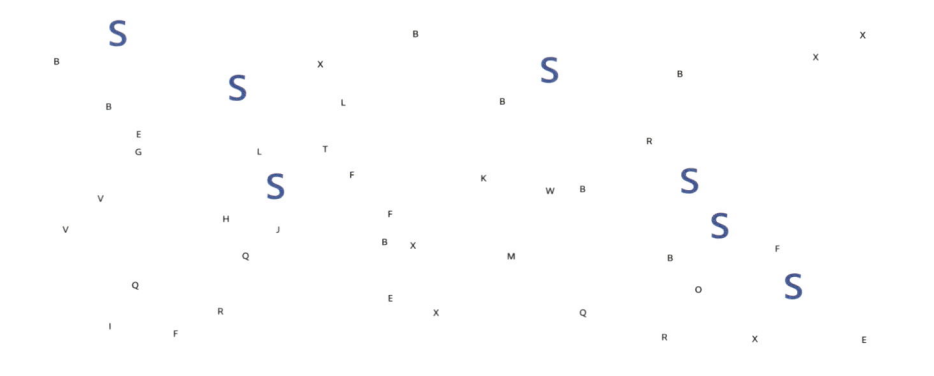

すぐに見つけられたのではないでしょうか。

最後に 図07-04 をご覧ください。

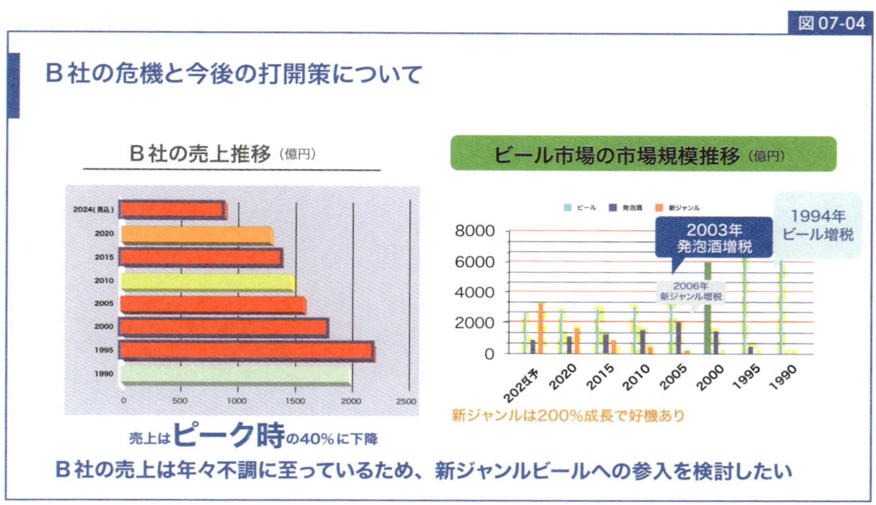

この資料は何を伝えたいのか理解できますか？
これは、17ページでお見せした次の資料と同じ情報を表しています 図07-05 。

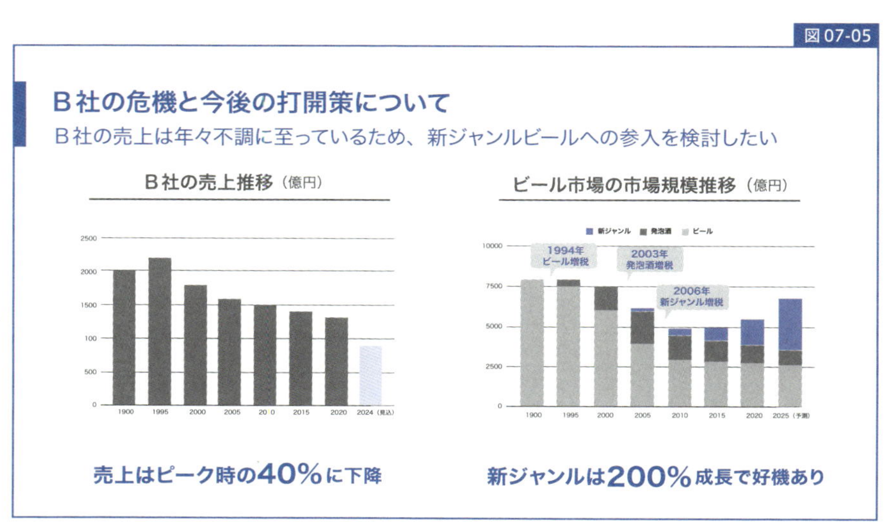

これこそデザインが重要な理由です。

デザインが悪いと、本来伝えたいことが相手に伝わらないリスクが発生します。メッセージの内容が正しく理解されなかったり、よけいな感情を抱かせたりして、伝えたいことが十分に伝わらなくなってしまいます。

伝わる度合いは、「中身の質 × 見た目の質」で決まります。中身を点数、見た目を伝わる度合い（%）で表現すると、より具体的にイメージできるでしょう。

たとえば、中身が100点満点であっても、見た目のクオリティが10%であれば、伝わるのはたった10点です。中身が重要であることは間違いありませんが、見た目が悪ければ、中身を相手にしっかりと届け切ることはできません。

ただし、無理して見た目をカッコ良く、鮮やかに見せようとする必要はありません。それよりも重要なのは、伝えたい中身がどれだけ正確に伝わるかです。

つまり、内容が的確に伝わる見た目になっていれば、見た目の質は100%といえます。がんばって見た目を120%まで引き上げても、実は「人を動かす」というゴールにはほとんど寄与しません。

特にビジネス用途の資料においては、伝えたいメッセージがしっかり伝わることが重要となるケースがほとんどであり、必ずしもクリエイティブなデザインは必要ありません。それよりも、見た人がよけいな感情を抱かないこと、スムーズに理解できることのほうがよほど重要です。

目指すべきは、華やかでカッコ良い資料を作ることではありません。伝えたいことがきちんと伝わる「シンプルな資料」を作ることを意識してください。

この章では、伝えたい内容が確実に相手に伝わることを目指し、相手にストレスを与えないシンプルな資料の作り方を解説します 図07-06。

図07-06

デザインはなぜ重要か？

デザインが悪いと…

見づらい
どこを
見れば…
文字が
多いな…
見た目が
変だな…

内容に集中できず
伝えたいことが伝わらない

デザインが良ければ…

内容に集中させることで
伝えたいことが伝わる

「良いデザイン」を決めるために、利用シーンを先に考えよう

ここまでで「良いデザインとは、伝えたい内容が適切に伝わるデザイン」とお伝えしました。すると、資料を使う場面によって、良いデザインの定義も変わります。なぜなら、場面によって「伝えたい内容」が変わるからです。

資料には、説明型とプレゼン型の２種類があります。

説明型の資料は、相手が手元で読むことを前提に作られています。

たとえば、顧客向けの提案資料で、渡したあとで社内の稟議のために共有されるといったものです。この場合、口頭で補足できないため、資料に伝えたい内容をしっかりと盛り込み、資料だけで完結させる必要があります。

一方、プレゼン型の資料は、プレゼンテーションを聞きながら見てもらうことを前提としています。この場合、資料だけで伝えるのではなく、あくまでプレゼンテーションで話す内容を補完することが資料の目的です。そのため、詳細な情報がすべて盛り込まれている必要はありません。それよりも、中身、見た目ともに、相手に話の内容が伝わりやすく、イメージしやすいことが求められます 図07-07。

図07-07

資料の種類は“説明型”と“プレゼン型”の2種類が存在する

説明型

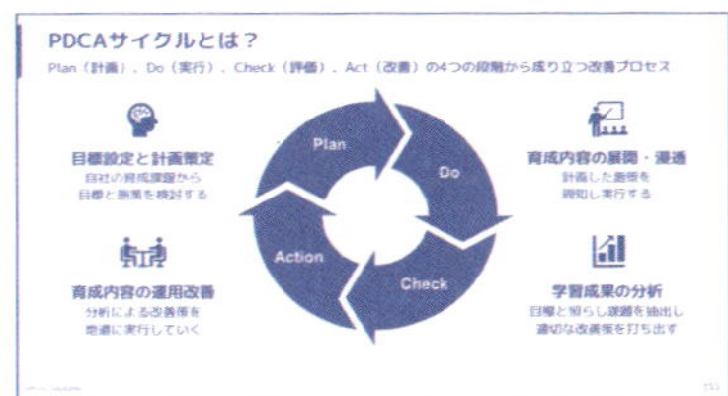

主役：資料
文字：多い・細かい
絵や図：細かい

読み手自身が読むことを前提とした資料となり、属人性も低い

プレゼン型

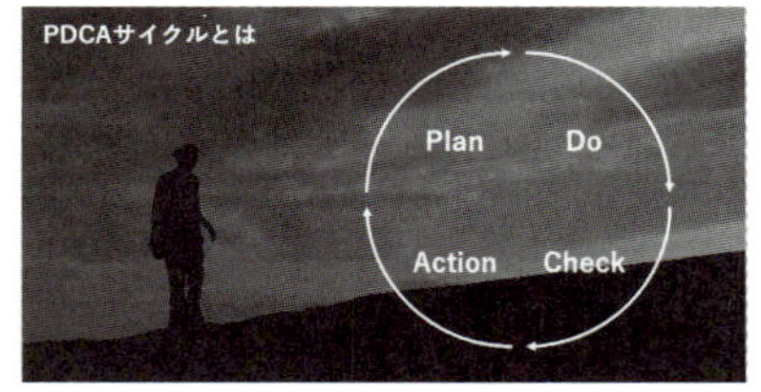

主役：プレゼンター
文字：少ない・大きい
絵や図：大胆

読み手がプレゼンを聞きながら見ることを前提とした資料となり、プレゼンターの技術に依存

このように、相手が読む資料なら説明型、説明しながら読んでもらうのであればプレゼン型にするのが原則です。しかし、プレゼンを行なう一方で、内容の詳細も確認してもらいたいということも、実務の現場においては少なくありません。

そのような場合には、**ハイブリッド形式の資料**を作るとよいでしょう。
たとえば、相手には読む資料を提供する一方で、自分はプレゼン資料を使って説明する。または、資料内でパートを分けて、注意を引きたい部分はプレゼン型にし、内容の詳細をしっかり理解してもらいたい部分は説明型にするといった方法も有効です 図07-08 。

また、詳細な内容を「Appendix（付録）」として最後に追加しておくという手もあります。こうすることで、プレゼンテーション全体の流れを妨げることなく、相手に必要な情報を提供することができます。

図07-08

説明型とプレゼン型、どちらの資料を作るべきか？

相手と自分の資料を分ける

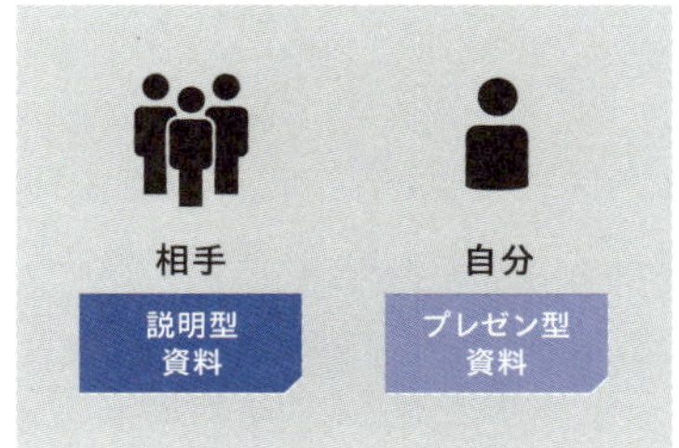

相手には読む用の説明資料を渡す
＋
自分はプレゼン型資料を使って説明する

資料内でパートを分ける

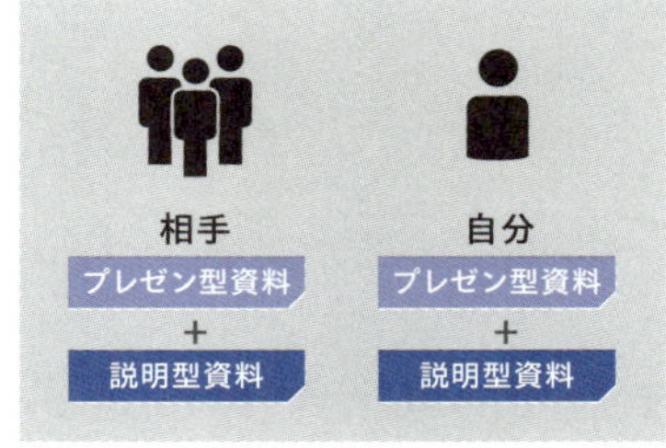

資料を簡易パートと
詳細パートに分ける
（必要なところだけ詳細を見られるように工夫）

プレゼン資料の活用における注意点

プレゼンテーションを行なう際には、**資料を渡すタイミングもデザインする**ことが重要です。

相手を動かすためには、どこまで細部に意図を持たせることができるかで成否が分かれます。配布のタイミングは、資料を先に渡すか、「本日の資料はプレゼンテーションの最後にお渡しします」と、あとで渡すケースもあります。

いつ渡すのがベストでしょうか？

絶対の正解はありませんが、事前配布と事後配布のメリットとデメリットを認識し、そのときの状況に応じて使い分けるようにしましょう。

プレゼンテーションを開始する前に資料を配布すると、相手はプロジェクターに映し出されたスライドよりも、手元の資料を見ることが多くなります。

一方、相手の資料が手元になく、スライドと口頭の説明だけにすると、内容によっては伝わりにくいこともあります。要は、**事前配布、事後配布ともに一長一短がある**ということです。

いずれの場合にせよ、相手の反応を想定しながら判断することが重要です。プレゼンのどの部分に関心を持っていそうか、内容がしっかり刺さっているかどうかを、相手を見ることで判断します。

事前配布の場合は、資料のどの箇所を見ているかによって興味のあるポイントがわかります。一方、事後配布の場合は、そのときに説明している内容をどのような表情、態度で聞いているかで関心の度合いを把握できます。

このように、**事前に渡すか事後に渡すによって、相手のどこに注目すべきかが変わる**ので、そこまで意識して資料を渡すタイミングを考えるとよいでしょう 図07-09 。

図 07-09

プレゼンテーション時にはいつ資料を渡すべきか?

	事前配布	事後配布
メリット	✔ 相手が事前にプレゼンの全体像を理解できる ✔ 相手が興味のある箇所を特定できる(資料を扱う動作から)	✔ 相手にプレゼンに集中してもらえる ✔ プレゼンが響いているかどうかを確認できる(表情から)
デメリット	✔ 相手がプレゼンテーションに集中せずに資料ばかりを見るリスクがある	✔ 相手が聞き漏らした際に話の全体像が理解できなくなるリスクがある

ビジネス用途のスライドはシンプルが一番

使用するシーンが定まったところで、スライドを作るための具体的なポイントを押さえていきましょう。

すでに、きれいなスライド、目を引くスライドの作り方については、書籍、ネット、セミナーなどで多くの方たちがさまざまなノウハウ、テクニックをたくさん公開しています。

しかし、ビジネスの資料において求められるのは、華やかなデザインよりも、視認性が高く、メッセージがしっかり伝わるシンプルなデザインです。そのほうが本来の目的を達成できる可能性が高まります。

ここでは、シンプルなデザインの資料を作るためのポイントを**「減らす」「揃える」「空ける」**の3つに絞って解説します。ぜひ、日々実践して、会得していただきたいと思います 図 07-10 (次ページ)。

図07-10

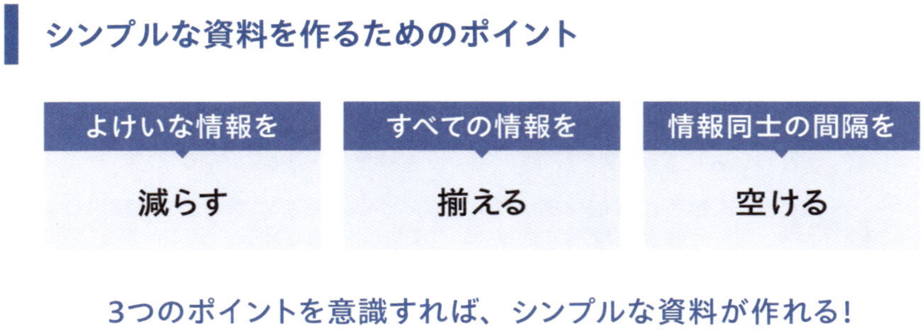

シンプルな資料を作るためのポイント

よけいな情報を	すべての情報を	情報同士の間隔を
減らす	揃える	空ける

3つのポイントを意識すれば、シンプルな資料が作れる!

減らす①　色

「減らす」のは「色」「図形」「線」「文字」の４つです。

まず、色を減らすことから始めましょう 図07-11 。

図07-11

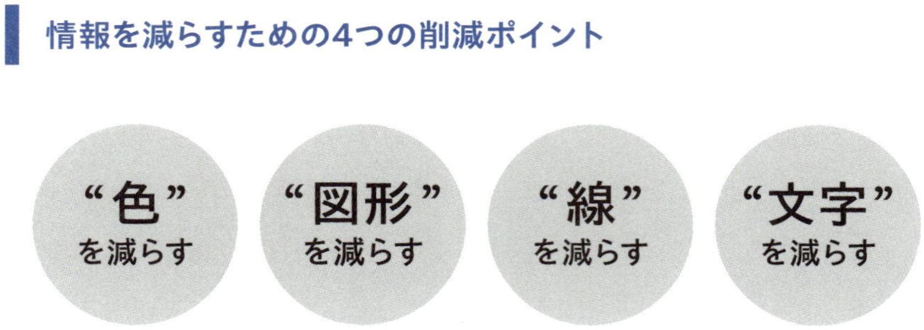

情報を減らすための4つの削減ポイント

"色"を減らす

"図形"を減らす

"線"を減らす

"文字"を減らす

色をたくさん使用すると見た目は華やかになる一方で視認性が下がり、情報の重要度がわかりづらくなってしまいます。結果として、相手のストレスが増してしまいます。ですから、色は１スライドにつき最大でも３色に抑えるようにしましょう 図07-12 。

図07-12

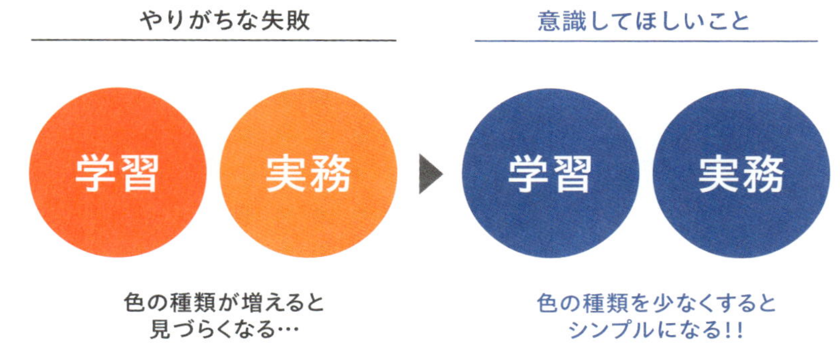
使う色を減らす
やりがちな失敗
意識してほしいこと
学習
実務
学習
実務
色の種類が増えると
見づらくなる…
色の種類を少なくすると
シンプルになる!!

特に強調したいポイントがある場合は、そのポイント以外の部分のトーンを抑えることで相対的に強調することができます 図07-13 。

図07-13

強調するためには「ほかを弱く」する

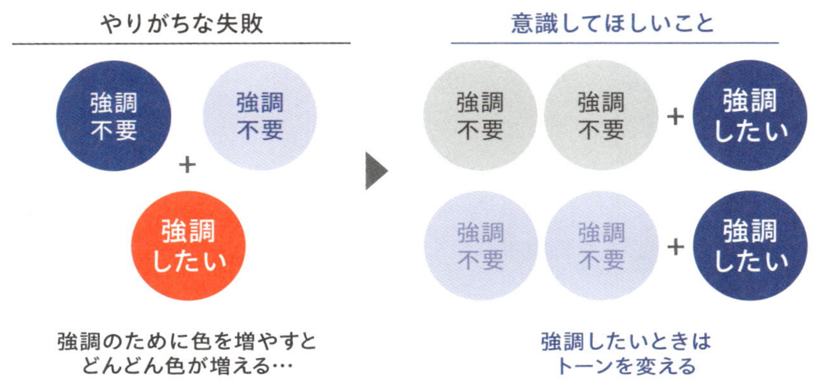

実際には、カラーパレットを作って基準色を設定します。このときに背景を白、文字色を黒にするのではなく、それぞれほんの少しグレー寄りにするとコントラストが緩和されて見やすくなります 図07-14 。

図07-14

カラーパレット例

1つのスライドで使う色は3色以内が原則!

色を選ぶにあたっては、色相、彩度、明度の3つの属性を意識しましょう。また、メインカラー、サブカラー、アクセントカラーの組み合わせも、配色のルールにもとづいて決めましょう 図07-15 図07-16（次ページ）。

図07-15

色の原理原則

色相

色の純度を表す。彩度が高い色は鮮明で強い印象を与え、
低い色は落ち着きや控えめな印象を感じさせる

彩度

純色　混色

色の純度を表す。彩度が高い色は鮮明で強い印象を与え、
低い色は落ち着きや控えめな印象を感じさせる

明度

明るい　暗い

色の明るさを表す。明度が高いと白に近づき、明るく軽やかで優しい印象を与え、
明度が低いと黒に近づき、固く重い印象を感じさせる

図 07-16

メインカラー／サブカラーの選び方

次に挙げた無料オンラインツールを活用することで配色のアイデアを得られます。

- Adobe Color CC
- Color Kitty
- Happy Hues
- ColorDrop
- Scheme Color
- Color Supply

減らす② 図形

図形も減らしましょう。パワーポイントをはじめとするプレゼンテーションツールにはたくさんの図形が用意されていますが、必要最低限の図形に絞って使うようにします。

というのも、スライドを作るたびに「どの図形を使おうか……」と考えるためのコスト（時間、労力）がもったいないからです。また、いろいろな図形が混在していると、色数が多いときと同じように、相手にとってストレスになります。**情報同士の関係性がしっかり伝わればよいので、図形は単純なものを数種類使えば十分です** 図07-17 。

図07-17

図を減らす

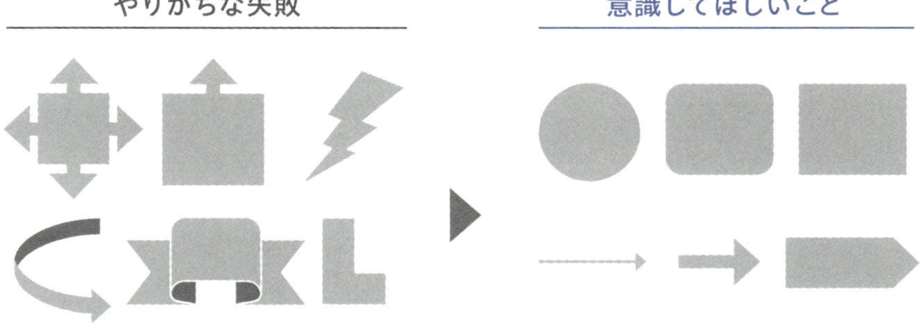

いろいろな図形を使うと
目が疲れる…

シンプルな図形のみを使って
視覚的に優しい資料にする

減らす③　線

線も減らしましょう。下線やボックス周りの線も、大半の場合、不要です。色、図形と同様に、線も多すぎると、スライドが見づらくなり、強調したいポイントがぼやけてしまいます 図07-18 。

図07-18

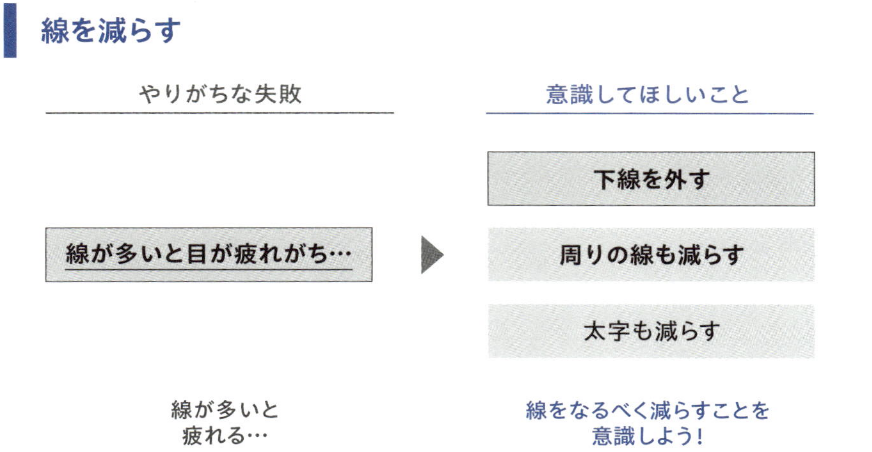

線を減らす

やりがちな失敗		意識してほしいこと
		下線を外す
線が多いと目が疲れがち…	▶	周りの線も減らす
		太字も減らす
線が多いと 疲れる…		線をなるべく減らすことを 意識しよう！

減らす④　文字

文字も減らしましょう。

文字数が多いと、スライドの視認性が落ちますし、相手が読んで理解するのに時間がかかります。もちろん、ストレスにもなります。

たとえば、**助詞を減らしたり、体言止めを使う**など、なるべく短い表現で端的に要点を伝えることを心がけてください。

普段から次のことを意識するとよいでしょう。

- **一言で言い切る**
- **体言止めを意識する**

特に助詞の数を減らすことが大切です。

「XX の XX による XX な……」という表現がダラダラと続く資料をよく見かけますが、正直いただけません。

たとえば、「これから活躍するためには必須のスキル」という文言であれば、「今後の活躍への必須スキル」というように、より短い表現に変えられないかを意識しましょう。

もちろん、口頭で説明する資料か相手自身が読む資料かによっても異なりますが、資料を使うシーンを想像し、ゴールに到達するための最小限の文字数にすることを意識してください。

また一般的に、スライドの文章は２行以上になると見づらくなるので、**「なるべく１行、最大でも２行に収める」**を基準にしましょう 図 07-19（次ページ）。

図 07-19

文字を減らす

やりがちな失敗		意識してほしいこと
今資料を作ることは、さまざまな理由で求められていて、資料作成スキルは今後ますます重要になることが予想される	▶	資料作成スキルは重要に
文字が多いと疲れる…		一言で言い切ってください！

揃える①　文字

次に「揃える」です。文字、フォント、図形、アイコンの４つがポイントです。まずは文字から見ていきましょう 図 07-20 。

図 07-20

情報を揃えるための4つの削減ポイント

"文字"を揃える

"フォント"を揃える

"図形"を揃える

"アイコン"を揃える

文頭を揃えずに書いている人が少なくありません。3行以上になる場合や箇条書きの際には、特に注意してください。

また、当然ながら文字の大きさも整えてください。「強調したい」などの特別な意図がない限りは文字のサイズは統一します。そうすることで、相手が読みやすくなりますし、情報の重要度の判断に迷わずに済みます 図 07-21 。

図 07-21

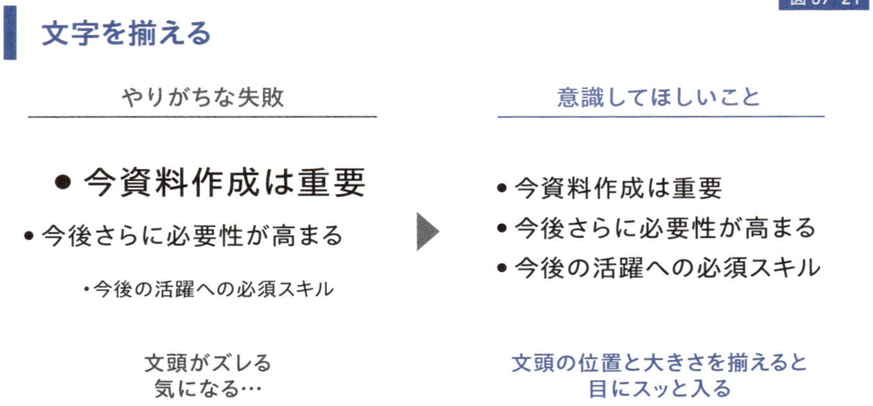

文字を揃える

やりがちな失敗		意識してほしいこと
• 今資料作成は重要 • 今後さらに必要性が高まる • 今後の活躍への必須スキル	▶	• 今資料作成は重要 • 今後さらに必要性が高まる • 今後の活躍への必須スキル
文頭がズレる 気になる…		文頭の位置と大きさを揃えると 目にスッと入る

揃える②　フォント

フォント（書体、文字のスタイル）も揃えましょう。

人によっては、フォントをあまり意識せずに資料を作成しますが、やめましょう。フォントが不揃いだと、相手が違和感やストレスを感じます。特に意図がない限りは、フォントは統一しましょう。

ちなみに、パワーポイントにはフォントを揃える機能が搭載されているので、それを使うと便利です 図 07-22 （次ページ）。

図 07-22

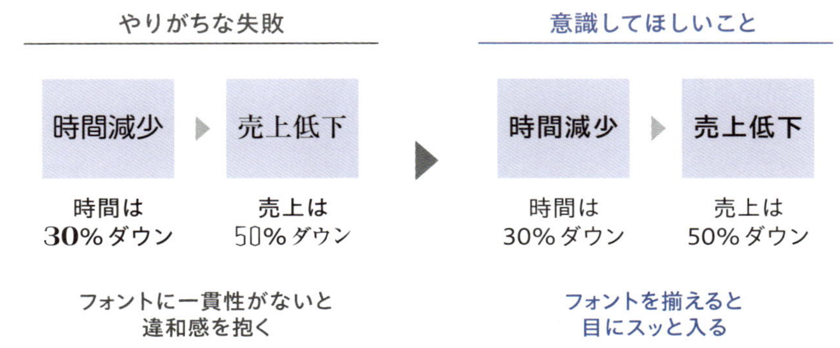

また、どのようなフォントを使うべきかについても意外と見落とされがちです。

資料はオブジェクト（図やイラスト、写真）だけでなく、文字で構成されることが多いです。そのためフォントの選び方が資料の印象を左右することもあります。

ゴシック体は読みやすさを重視する際に使用します。一方、明朝体は落ち着いた／柔らかい印象を与えるために使用します。ビジネス資料には、可読性の高いゴシック体を使用するのが一般的です 図 07-23 。

- **ゴシック体**：可読性が高く、資料全体に統一感を持たせやすい
- **明朝体**：飾りがあり、情緒や格式を演出する際に有効

図 07-23

よく見る和文フォントの意味合いの違い

ゴシック体	明朝体
読みやすい	情緒や格式を演出

資料では可読性の高い“ゴシック体”が有効であるケースが多い

フォントによって印象が変わる

フォントにはゴシック体、明朝体のほかにもさまざまな種類があります。フォントの印象と言葉の意味や印象がズレると相手は違和感を抱くので、内容にマッチしたフォントを選びましょう。

たとえば、スライドであれば、ゴシック体のような可読性が高く、形が安定したものを選びます。

また、Windows と Macintosh の両方に標準搭載されているフォントであれば、複数の PC で資料を共有する際に表示が崩れることがありません。たとえば、「游ゴシック」や「メイリオ」がおすすめです。とはいえ、最終的にはフォントは、好みで決めていただいてもかまいません（もちろん、読みづらい、あまりに変わったデザインなどでなければ、ですが)。

揃える③　図形

図形も揃えることで、資料の見た目が整い、伝えたい内容に集中してもらいやすくなります。パワーポイントには、図形のサイズや位置を揃える機能が標準で搭載されているので、活用しましょう 図07-24 。

図07-24

図形を揃える

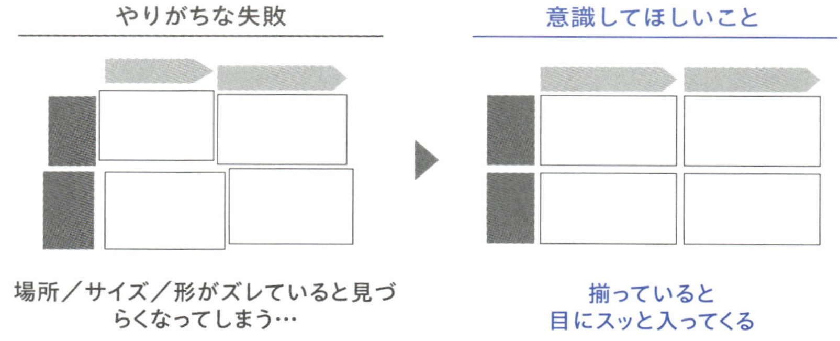
やりがちな失敗
意識してほしいこと
場所／サイズ／形がズレていると見づらくなってしまう…
揃っていると
目にスッと入ってくる

揃える④　アイコン

アイコンの場合は、それが意味する内容と情報を揃えることを意識しましょう。

アイコンは相手の理解を助けたり、視認性を高めるのに有効な素材ですが、内容と揃っていないと、かえって相手にストレスを感じさせてしまうので注

意が必要です 図07-25 。

図07-25

アイコンを揃える

やりがちな失敗

年度末に向けた種まきが重要

アイコンとメッセージが
揃わないと違和感が…

意識してほしいこと

年度末に向けた種まきが重要

揃っていると
ダイレクトに伝わる

アイコンの活用方法について少し補足します。

メッセージをシャープに伝えることで、資料は簡潔になり、見やすさが向上します。しかし、時おり要素同士の間隔が空きすぎてバランスが悪くなってしまうこともあります（もし、こうしたことが起こるようであれば、皆さんの資料作成レベルはかなり高くなっているはずです）。

そんなときにはアイコンを活用すると効果的です。イメージが一目で伝わるだけでなく、全体のバランスも整えやすくなります。

具体例で確認してみましょう。

次ページの 図07-26 は、私が実際の講演で使用したスライドです。

たとえば、「人事が向き合うべき３つの変化」という内容を伝える際に、「減らす」「揃える」「空ける」を意識してメッセージの骨子を作るとこのようなスライドになります。これでも別に悪くはないのですが、少し寂しい印象だったり、一目で全体のイメージをつかみにくいかもしれません。

図 07-26

人事が向き合う3つの変化
外部環境の変化により今までの学びは通用しなくなっていく

学ぶ動機の変化 (Why)
機会を与えるだけでは学ばない

学ぶ内容の変化 (What)
学ぶべき内容が多種多様に広がる

学ぶ手法の変化 (How)
ハイブリット研修が当たり前に

☞ 時代の変化に合わせて学び方事態も変革が求められるように

　このような場合、アイコンを活用することで全体のバランスが良くなり、メッセージがより伝わりやすくなります。

　たとえば、次のようにアイコンを追加します 図 07-27 。

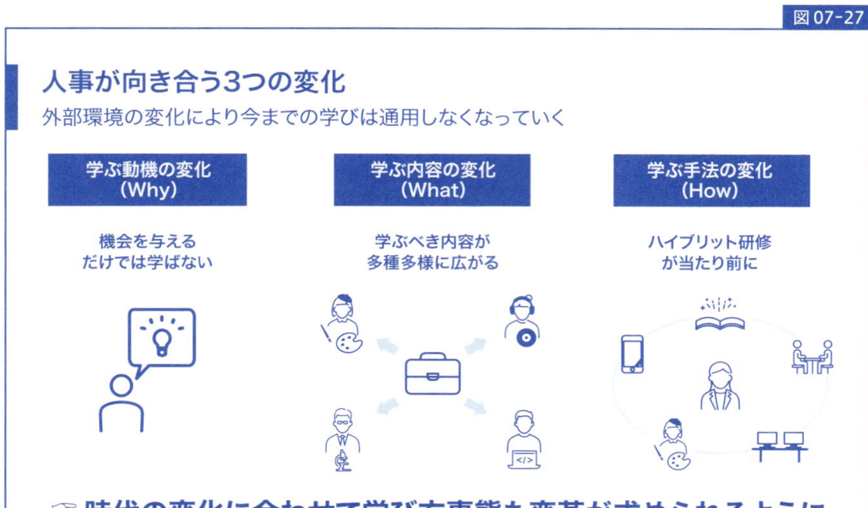
図 07-27
人事が向き合う3つの変化
外部環境の変化により今までの学びは通用しなくなっていく
学ぶ動機の変化 (Why)
機会を与えるだけでは学ばない
学ぶ内容の変化 (What)
学ぶべき内容が多種多様に広がる
学ぶ手法の変化 (How)
ハイブリット研修が当たり前に
☞ 時代の変化に合わせて学び方事態も変革が求められるように

アイコンは基本的には、パワーポイントに標準で搭載されているものを活用するとよいでしょう。

また、アイコンと同様の目的でイメージ画像を使うことも有効です。イメージ画像は、言葉にすると長くなる内容を端的に伝えるために利用します。

細かい文字情報を詰め込むと、途端に見づらくなり、メッセージが伝わりにくくなりがちです。メッセージを伝えた際に「イメージが湧かない」「具体的には？」となることを未然に防ぐためには、イメージ画像を使うのが効果的です 図07-28 。

図07-28

イメージ画像も効果的に活用しよう！

文章で説明

りんご

大きく丸みのある果実。
表皮は赤く、中の実は黄色っぽい白色をしている。

文章のみだと
パッと見でわかりづらい

画像と一緒に説明

一目で理解できる

イメージ画像を使うときは著作権に注意しましょう。

著作権フリーの画像サイト（有料、無料）を活用するとよいでしょう。私がよく利用するサイトを紹介しておきます。

・PIXTA
・iStockphoto

・Fotolia
・gettyimages

空ける①　行間

最後に「空ける」を解説します。ポイントは、行間、図と文字、スライドの３つです。

まず行間から見ていきます。

行間が詰まりすぎると見づらくなります。余白を持たせることで、情報を識別しやすくなりますし、目も疲れにくくなります 図07-29 。見やすいデザインにするための行間ルールを定めておくとよいでしょう。

図07-29

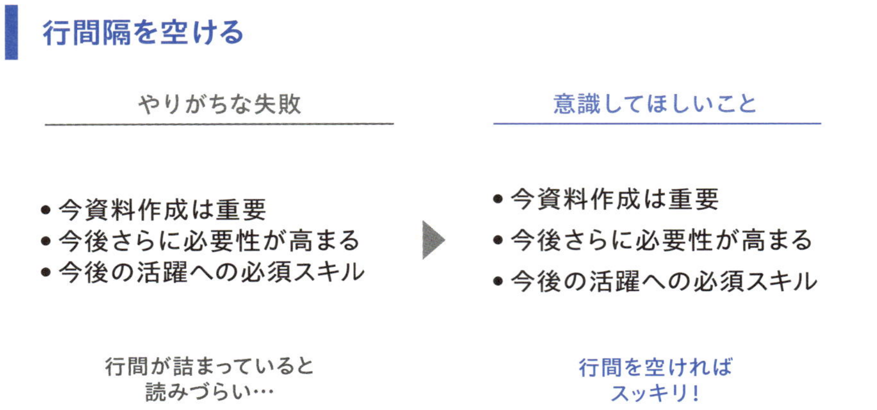

行間隔を空ける

やりがちな失敗

- 今資料作成は重要
- 今後さらに必要性が高まる
- 今後の活躍への必須スキル

行間が詰まっていると
読みづらい…

意識してほしいこと

- 今資料作成は重要
- 今後さらに必要性が高まる
- 今後の活躍への必須スキル

行間を空ければ
スッキリ！

空ける② 図形と文字の間隔

図形と文字の間隔では、上下左右に余白をとることを意識してください 図07-30 。

図07-30

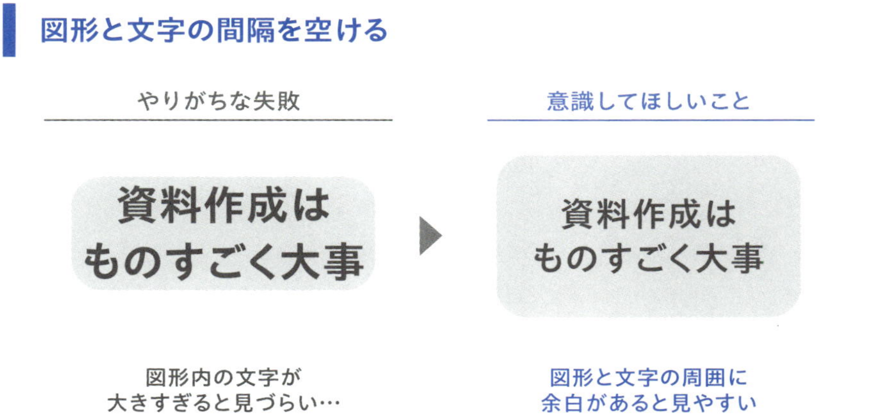

図形と文字の間隔を空ける

やりがちな失敗
意識してほしいこと
資料作成は
ものすごく大事
資料作成は
ものすごく大事
図形内の文字が
大きすぎると見づらい…
図形と文字の周囲に
余白があると見やすい

行間と同様に、余白を持たせることで、情報が識別しやすくなり、目も疲れにくくなります。

パワーポイントのガイド機能で左右上下の幅を設定することで、余白を均等に保つことができます 図07-31 (次ページ)。

図07-31

資料全体に余白を残す

やりがちな失敗

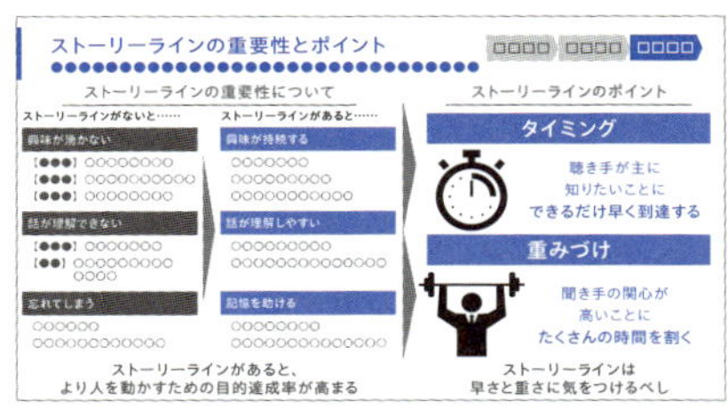

資料内に余白がないと
情報が見づらい…

意識してほしいこと

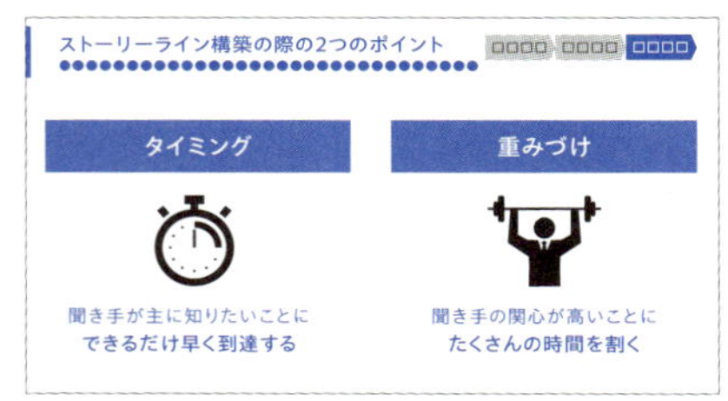

資料内に余白があると
見やすい

また、**資料全体にも余白を作る**ようにしましょう。

たまに、1枚のスライドに情報を詰め込みすぎる人を見かけますが、やめましょう。左右上下に適切な余白を持たせることで、相手にストレスを感じさせずに情報を見てもらえます。

改めて、余白の3つの効果を整理します 図07-32 。

1つ目は、**情報の識別がしやすくなる**ことです。特に1枚のスライド内に複数の情報がある場合、余白があれば、各情報がどのような単位でまとまっているのかがわかりやすくなります。

2つ目は、**目と脳を休ませる効果**です。情報量、特に文字が多すぎる資料は目に負担をかけるだけでなく、情報を処理する際に脳のエネルギーも消耗します。そのため、見た目をすっきりさせることで、見る人の脳の負担も減り、集中力が続きやすくなります。

3つ目は**演出効果**です。特にプレゼンテーション用の資料では、余白があることで洗練された印象を与えることができます。

図 07-32

余白を作ることによる3つの効用

情報識別

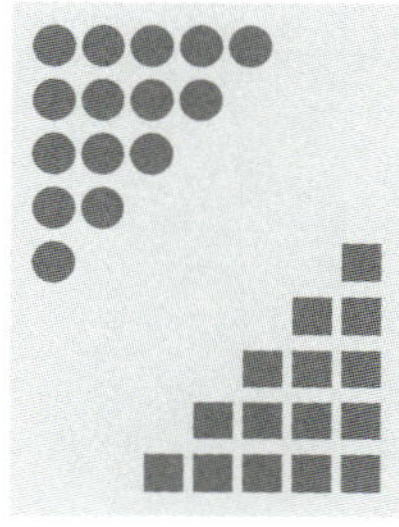

区切りとして機能し、
情報を混同させない

視線休息

目の疲労を軽減したり
見た目をすっきりさせる

演出効果

余裕のある洗練された
印象を演出できる

先ほども述べましたが、パワーポイントでガイドを設定し、左右上下の余白を決めて、資料を作るとよいでしょう 図 07-33 図 07-34 (次ページ)。

図 07-33

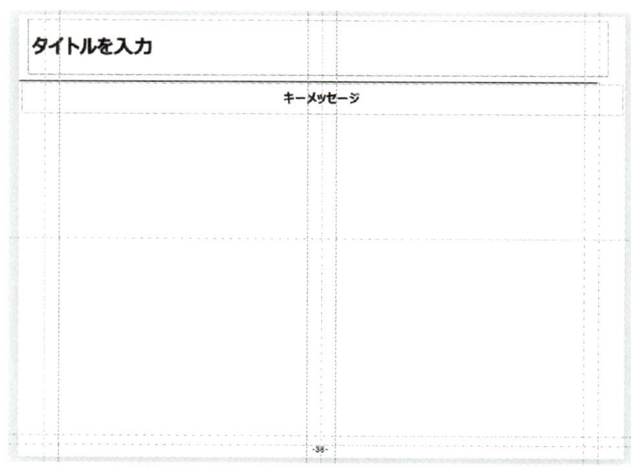

図07-34

クリックしてタイトルを追加
クリックしてサブタイトルを追加

クリックしてテキストを追加

155

スライドサイズを意図的に使い分けよう

余白を確保するためには、スライドのサイズが重要になります。従来は縦横の比率が「4：3」のスライドが一般的でしたが、最近では「16：9」のスライドが主流になっています 図07-35 。

図07-35

スライドのサイズ（画面比率）の決め方

A4用紙に2段組み印刷する場合に
大きく見える

➡枚数が多いスライドの際には特に有効

画面に表示したときに大きく
表示できる

➡情報掲載量やレイアウトに余裕ができる

「4：3」のスライドは、A4サイズの紙に縦方向の2段組みで印刷するのに適しています。そのため、スライドの枚数が多い場合は「4：3」を使うことが一般的です。

一方、「16：9」は横長なので、PCのディスプレイ上で見たり、スクリーンで投影するのに適しています。特に、オンライン商談や会議で画面共有する際に大きく表示できる利点があります。

スライドのサイズは、使用するシーンに応じて適切に選んでください。

資料の枚数が増えたときの工夫

資料枚数が数十枚を超えると、相手は今どこを見ているのかがわからなくなることがあるので、工夫が必要です。

特に、プレゼン用ではなく読む資料は、枚数が多いと、どこにどの情報が載っているかわかりにくくなったり、話の流れを見失いやすくなったりします。

ですから、次のような工夫をしましょう。

表紙と目次をつける

プレゼンテーションの冒頭には、全体の目的が一目でわかるような表紙と目次をつけます。また、話題が変わるタイミングには適切な中表紙を入れて、相手が区切りを意識できるようにしましょう 図07-36 。

図07-36

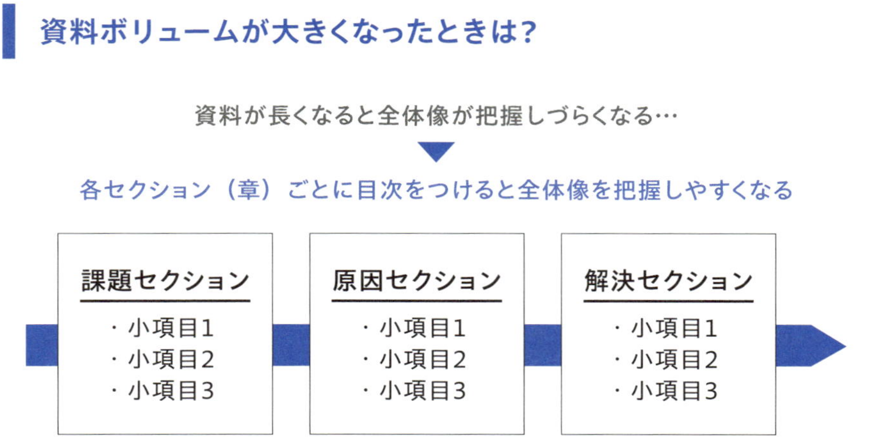

資料ボリュームが大きくなったときは？

資料が長くなると全体像が把握しづらくなる…

▼

各セクション（章）ごとに目次をつけると全体像を把握しやすくなる

課題セクション	原因セクション	解決セクション
・小項目1 ・小項目2 ・小項目3	・小項目1 ・小項目2 ・小項目3	・小項目1 ・小項目2 ・小項目3

通しのページ番号をふる

通し番号をふるときは「1/35」などのように全体ページ数を分母、今見ているページを分子にして表記すると、相手は自分が今どこを読んでいるのかを把握しやすくなります。

全体と部分の関係を明示する

長いプレゼンテーションの場合、相手が全体の構造を把握しにくくなることがあります。それを防ぐには、話題の大きな区切りごとに、プレゼンの全体像を示し、今説明している部分が全体のどこに位置するのかを明示するようにしましょう。また、各スライドの右上に全体の中での位置を常に表示するといった工夫も有効です 図07-37 。

図07-37

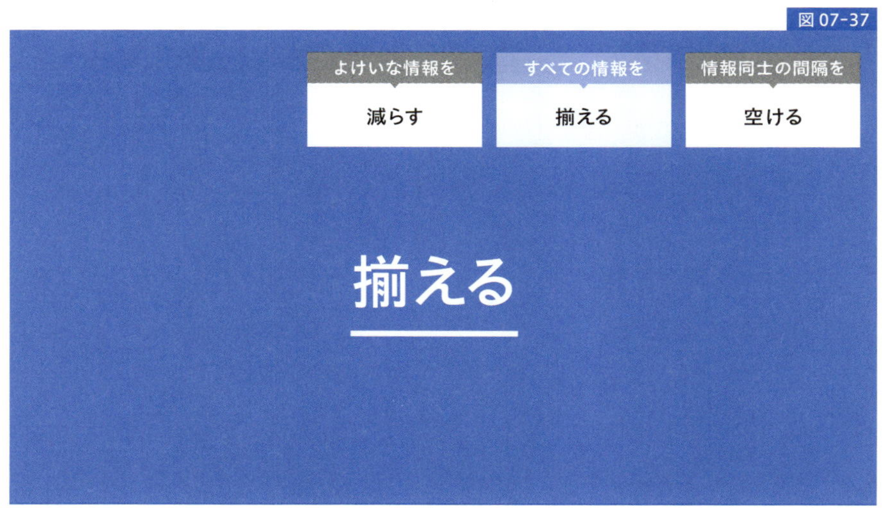

グラフを活用しよう！

定量的な情報を伝えるときはグラフを使うと効果的です。

グラフがあることで、データ同士の関係性を一目で把握できます。

たとえば、年次での売上推移であれば、昨年や今までの売上という“データの推移”をグラフで表現する。あるいは、売上シェアの場合は、自社と他社の売上の内訳を円グラフで表すといった具合です。

グラフを作る際は、まず箇条書きからメッセージと、それを支えるために必要な情報を見極めた上で、次の流れで進めましょう 図07-38 。

・データの関係性を決める
・最適なグラフタイプを選択
・加工や強調により伝わるデザインにする

図 07-38

グラフの活用もWhatから始めよう！

箇条書きから伝えたい内容を決める → 伝えるために有効なデータの関係性を決める（データの対象も決める） → データの関係性に沿ったグラフタイプを決める → 伝えたい内容が伝わるデザインにする

若手社会人の80%が資料作成業務を行なう

<何と何を比較するか？>

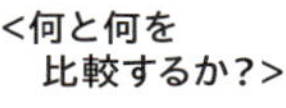

- “若手社会人全体”
- “資料作成業務を行なう社会人”

を比較する

<関係性はどうか？>

内訳を表している

<グラフの種類は？>

候補①
円グラフ

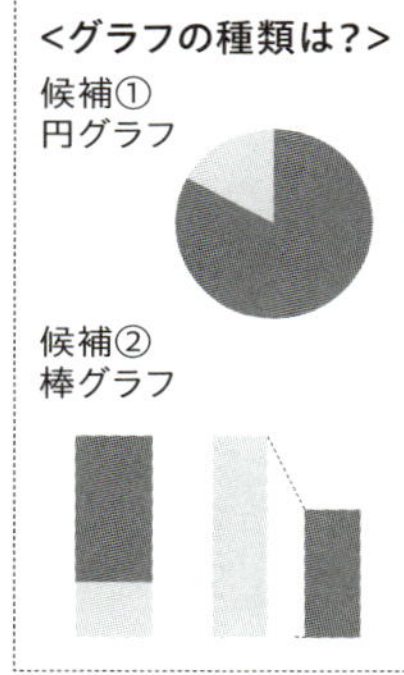

候補②
棒グラフ

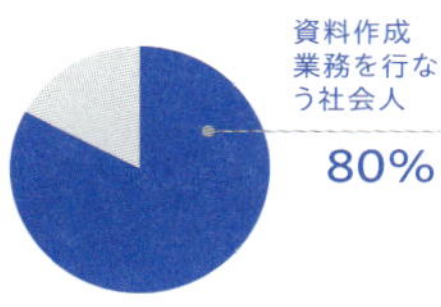

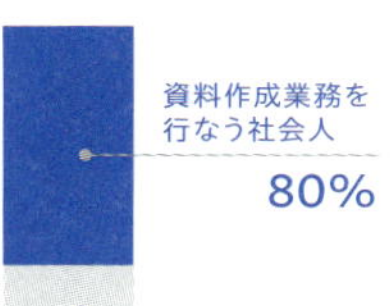

グラフは、ある程度、関係性とパターンを記憶しておくと効率良く作成できます。大きく分けるとグラフには４つの基本タイプがあります。まずはこれらの基本形で表現できるかを考えてください。

これ以外のグラフを用いる際は、相手が短時間で直感的に理解できるかどうかをよく考えて選びましょう 図 07-39（次ページ）。

図 07-39

データの関係性と適切なグラフ

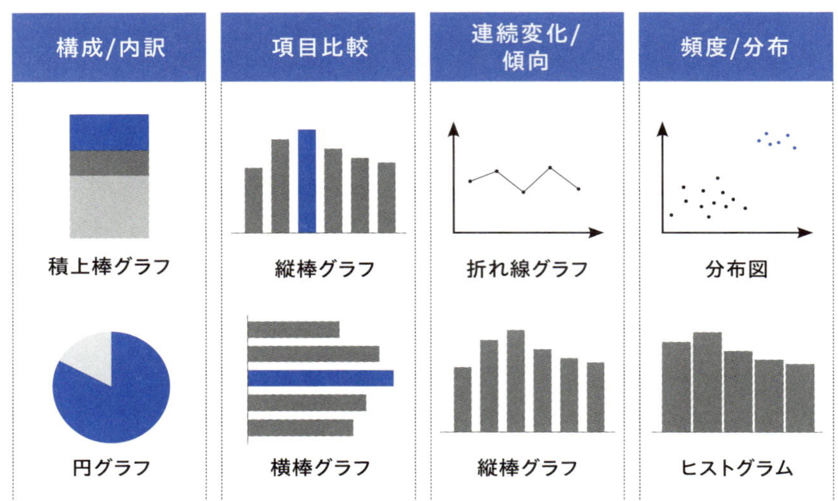

これらの関係性ごとに、2つのバリエーションを持っておくとよいでしょう。というのも、2つのデータを見せる際に、関係性が同じ場合、見づらくなってしまうからです。

具体例を確認しましょう。

次のデータを使ってグラフを作成してみてください 図 07-40 図 07-41 。

図 07-40

自社の近年の課題
客数は伸びている一方で売上は上がっておらず対策が必要
グラフを使ったボディを作成してください

図 07-41

	2016	2017	2018	2019	2020	2021	2022	2023	2024
売上（百万）	278	289	295	312	340	331	302	289	264
客数（百人）	89	92	95	98	107	110	112	114	116

たとえば、来客数と売上を比較するために２つのデータの“推移”を伝えたいとします。この際、**２種類のデータには異なるグラフタイプを使うと効果的**です。推移を示すために、折れ線グラフと棒グラフを選びましょう。次に、伝えたい内容を確認し、強調すべき点を選びます 図 07-42 (次ページ)。

図 07-42

具体例：2種類のデータ推移の場合の考え方

箇条書きから伝えたい内容を決める

論点：自社の近年の課題は？

メッセージ：売上が上がっていない

情報：
- 客数は近年上昇を続けている
- 売上は上がっておらず、むしろ減少傾向にある

伝えるために有効なデータの関係性を決める（データの対象も決める）

<何と何を比較するか？>
- 売上の推移データ
- 客数の推移データ

<関係性はどうか？>

両方のデータともに推移を表している

データの関係性に沿ったグラフタイプを決める

<グラフの種類は？>

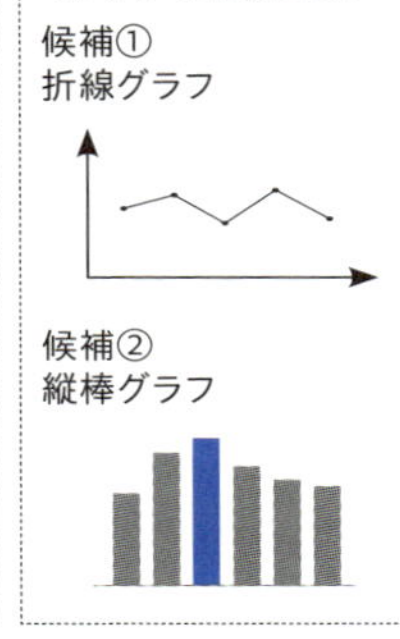

伝えたい内容が伝わるデザインにする

<何を目立たせたい？>
- 売上の低下を目立たせたい（折れ線と縦棒グラフの選択）
- 近年の2年間の低下状況を特に強調したい（強調箇所の設定）
- 数字については、厳密性はいらないが、一定の売上がわかる程度に補足が必要（軸の数値設定）

たとえば、下期の来客数の増加を強調するために、その部分だけ着色するとよいでしょう 図 07-43 。

図 07-43

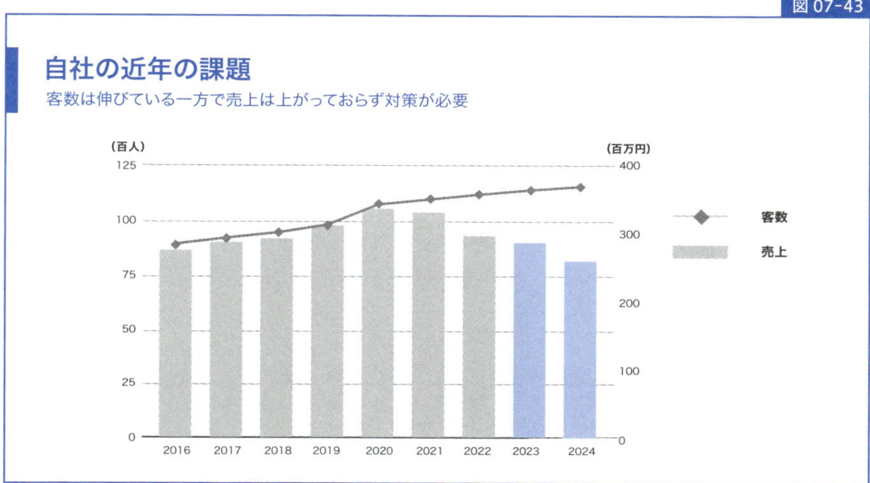

点線などはなるべく減らすべきですが、「何を伝えたいのか？」と相手の視点に立つことで、どこまでグリッド線を入れるべきかについても考えることができます。

たとえば、実際の「80％という数字自体の重要性はどのくらいなのか」などは大事な論点です。

数字を厳密に伝えることでメッセージの説得力が上がる場合は、グリッド線や値を丁寧に記載する必要がありますが、単に「圧倒的に大きい」くらいのニュアンスが伝われば十分、それ以上の情報は不要です。

相手を納得させるために必要な情報に絞り、それ以外はデザインの原則にしたがって減らしていくという感覚を持っておくとよいでしょう。

たとえば、Excelなどで作成したグラフは、初期状態では背景に色がついていたり、目盛り線が多すぎたりすることがあります。これでは「目立たせたい部分が目立たない」ことが多いので、よけいな要素はできるだけ取り除きましょう。また、構成や内訳、順位などを表現する場合は、重要度の低い項目や小さい値は「その他」にまとめるとよいでしょう。

違いを確認しよう！

これは、私が責任者を務める事業で、ある顧客向けに作成した上申スケジュールのスライド資料です 図07-44 。

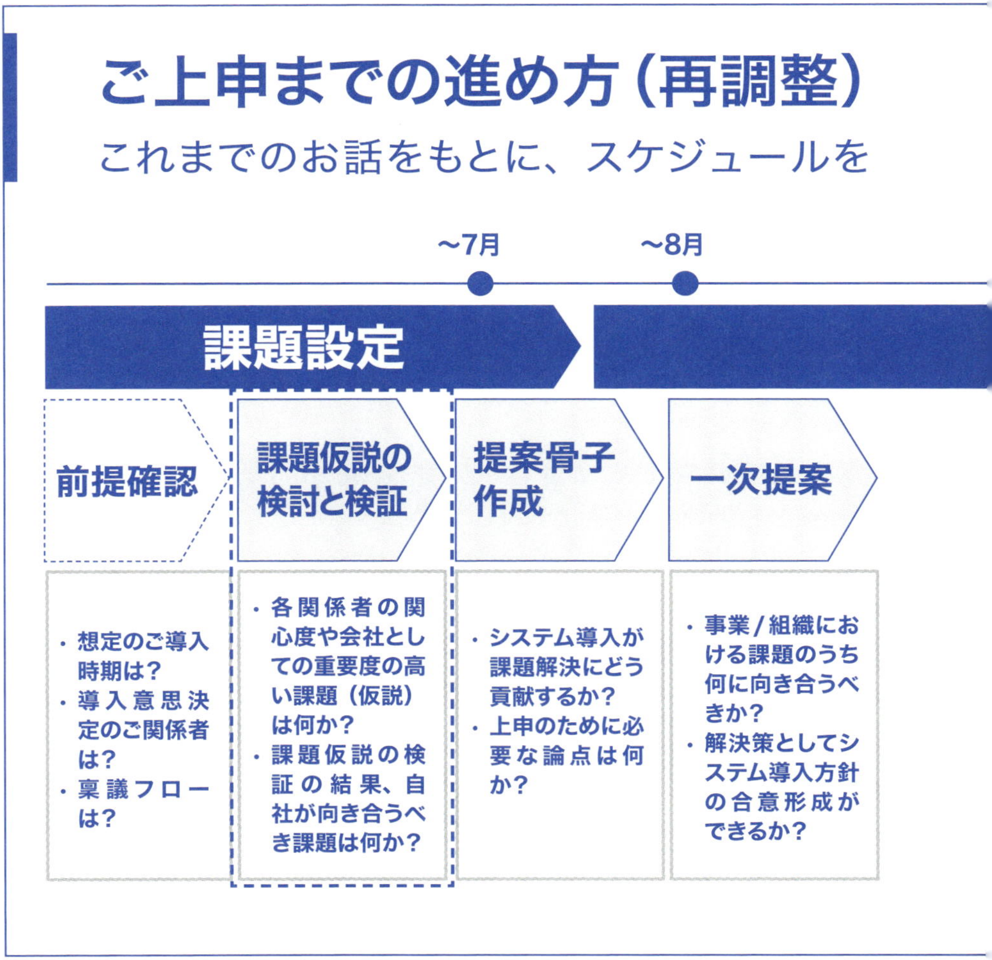

ご上申までの進め方（再調整）

これまでのお話をもとに、スケジュールを

～7月　～8月

課題設定

前提確認	課題仮説の検討と検証	提案骨子作成	一次提案
・想定のご導入時期は？ ・導入意思決定のご関係者は？ ・稟議フローは？	・各関係者の関心度や会社としての重要度の高い課題（仮説）は何か？ ・課題仮説の検証の結果、自社が向き合うべき課題は何か？	・システム導入が課題解決にどう貢献するか？ ・上申のために必要な論点は何か？	・事業/組織における課題のうち何に向き合うべきか？ ・解決策としてシステム導入方針の合意形成ができるか？

図 07-44

本日のフォーカス
再調整させていただきました
～9月
～11月
～12月
解決策立案
契約
情報収集
本提案
予算調整・契約に向けた各種調整
・一次提案でのフィードバックを受け、本提案で上申すべき情報やストーリーは？
・懸念事項に対する対策は？
・自社が向き合うべき課題の解決に向け、各関係者の関心をふまえた本質的かつ納得度の高い提案になっているか？
・意思決定のための適切なフォローができているか？
・必要な追加情報はあるか？

ご覧いただいて、どのような感想をお持ちになりましたか？

おそらく、内容が詰め込みすぎで読みづらいと感じたのではないでしょうか。この資料を「減らす」「揃える」「空ける」の３つを意識して修正すると、図07-45 のようになります。

ご上申までの進め方（再調整）
これまでのお話をもとに、スケジュールを
7月
8月
課題設定
前提確認
課題仮説検討
提案骨子作成
一次提案
・想定のご導入時期は？
・導入意思決定のご関係者は？
・稟議フローは？
・各関係者の関心度や会社としての重要度の高い課題（仮説）は何か？
・課題仮説の検証の結果、自社が向き合うべき課題は何か？
・システム導入が課題解決にどう貢献するか？
・上申のために必要な論点は何か？
・事業／組織における課題のうち何に向き合うべきか？
・解決策としてシステム導入方針の合意形成ができるか？

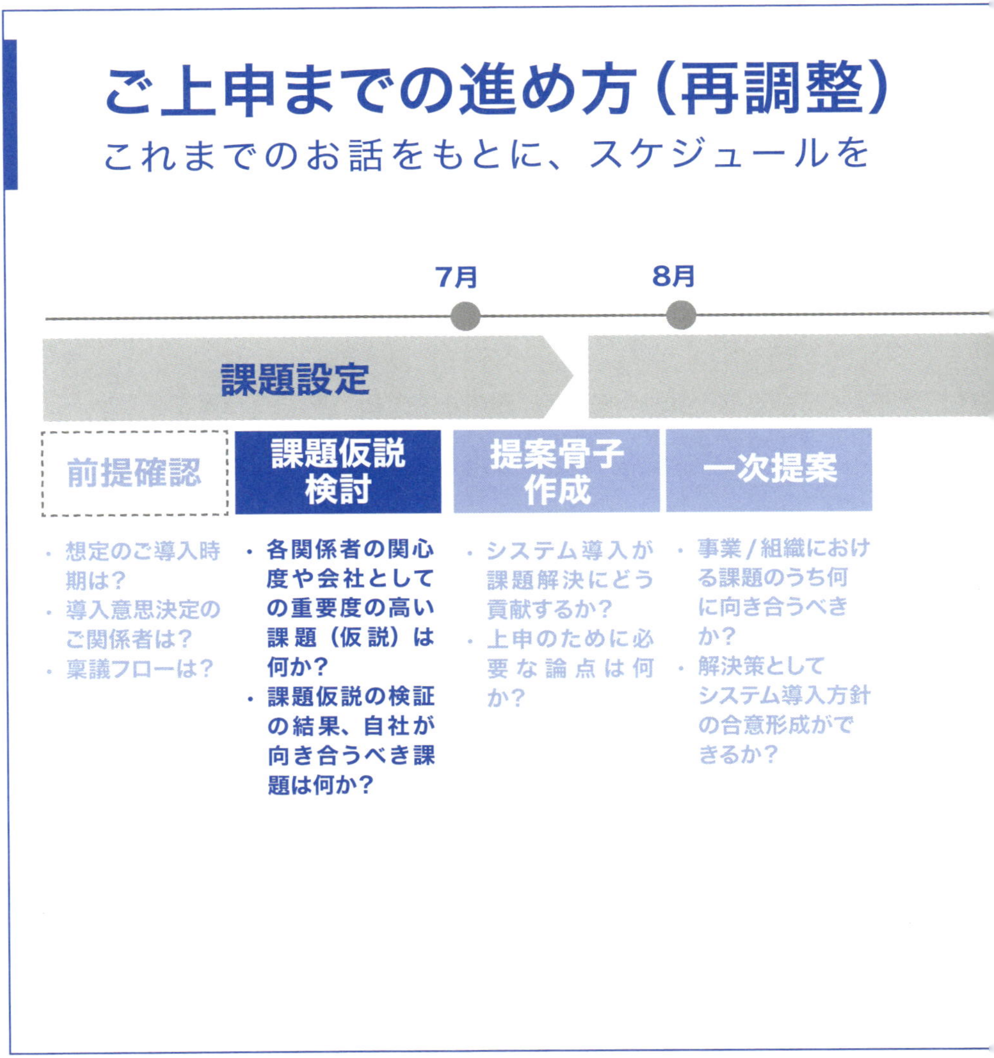

図 07-45

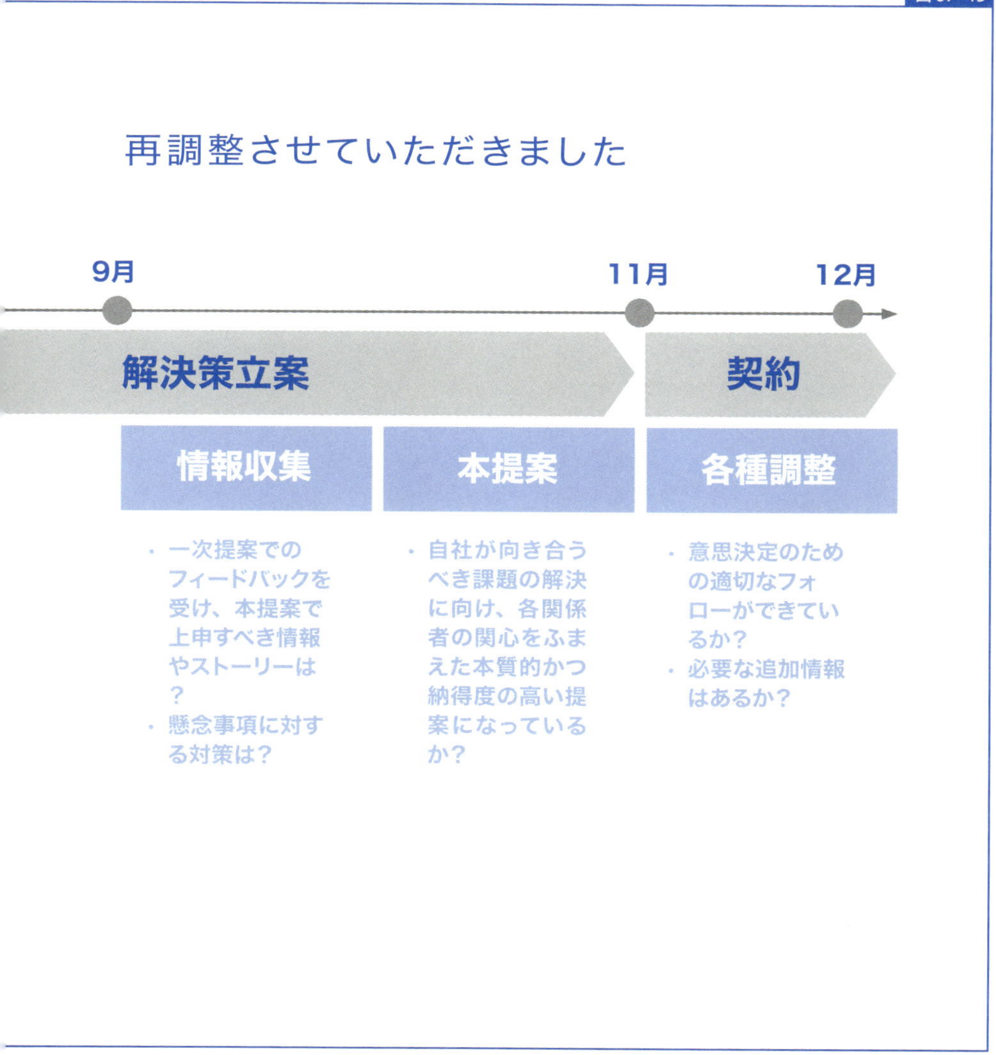

再調整させていただきました

9月

11月

12月

解決策立案

契約

情報収集

本提案

各種調整

- 一次提案でのフィードバックを受け、本提案で上申すべき情報やストーリーは？
- 懸念事項に対する対策は？

- 自社が向き合うべき課題の解決に向け、各関係者の関心をふまえた本質的かつ納得度の高い提案になっているか？

- 意思決定のための適切なフォローができているか？
- 必要な追加情報はあるか？

文字、色、線を減らし、文字の開始点と図形を揃え、適度な間隔を空けただけで、資料が格段にわかりやすくなります 図07-46 。

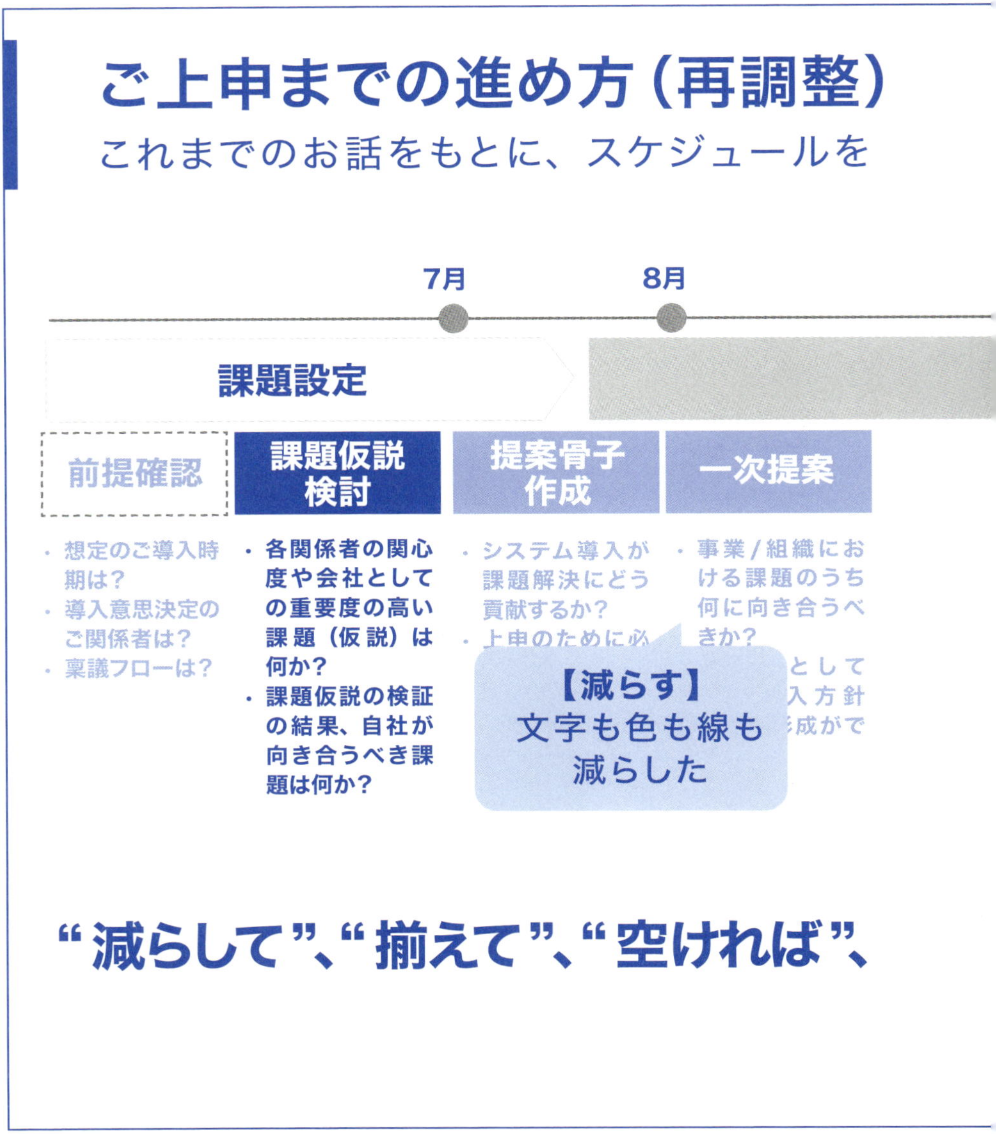

ご上申までの進め方（再調整）

これまでのお話をもとに、スケジュールを

7月

8月

課題設定

前提確認
- 想定のご導入時期は？
- 導入意思決定のご関係者は？
- 稟議フローは？

課題仮説検討
- 各関係者の関心度や会社としての重要度の高い課題（仮説）は何か？
- 課題仮説の検証の結果、自社が向き合うべき課題は何か？

提案骨子作成
- システム導入が課題解決にどう貢献するか？
- 上申のために必

一次提案
- 事業/組織における課題のうち何に向き合うべきか？

【減らす】
文字も色も線も減らした

“減らして”、“揃えて”、“空ければ”、

図07-46

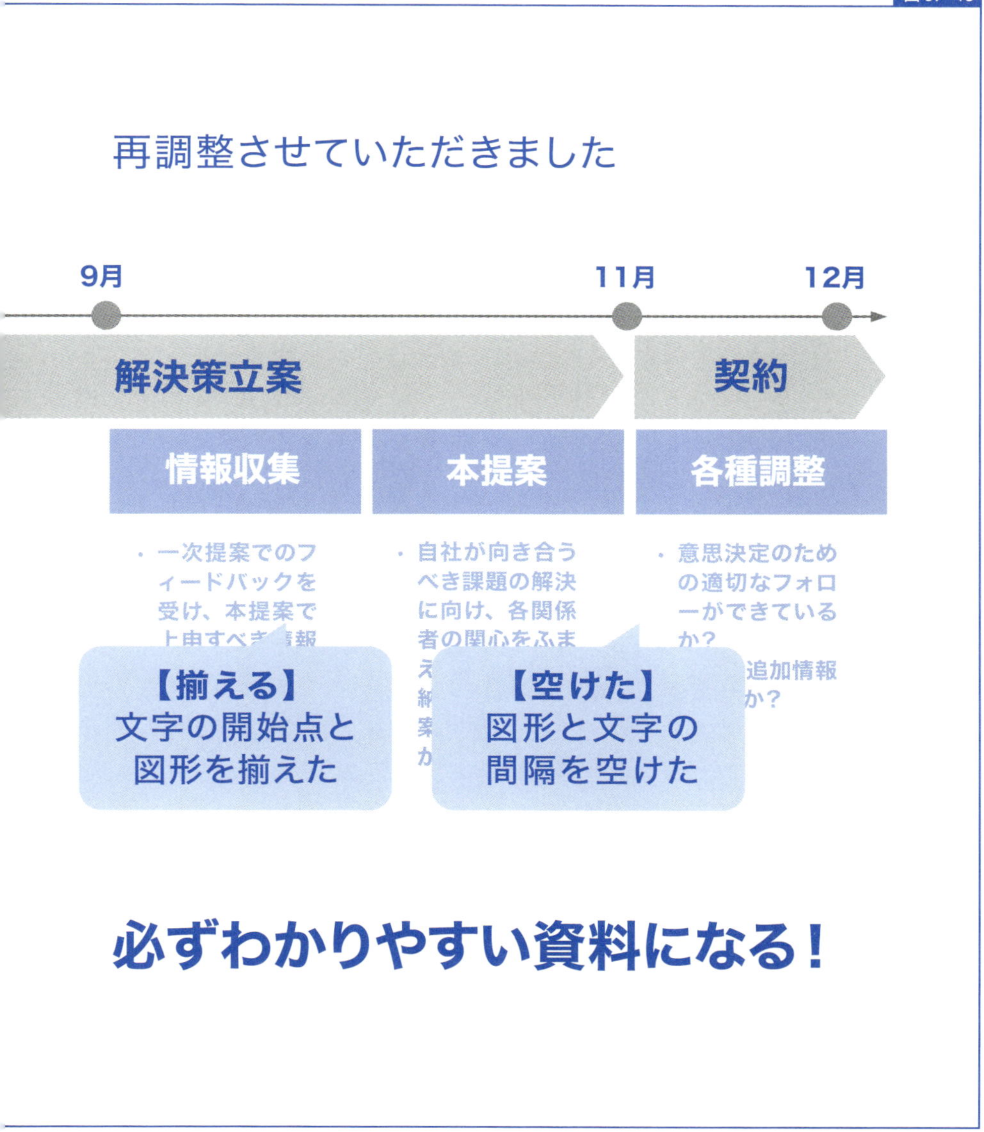

再調整させていただきました

9月　11月　12月

解決策立案　契約

情報収集	本提案	各種調整
・一次提案でのフィードバックを受け、本提案で上申すべき情報	・自社が向き合うべき課題の解決に向け、各関係者の関心をふまえ	・意思決定のための適切なフォローができているか？ 追加情報 か？

【揃える】
文字の開始点と図形を揃えた

【空けた】
図形と文字の間隔を空けた

必ずわかりやすい資料になる！

最後に確認しよう！

資料を作成する際には、全体を通しての確認が不可欠です。メッセージやストーリーを確認したあと、1スライドごとの表現をチェックし、最終的には全体の流れやトーンを整えていくことをおすすめします。

【チェックリスト：メッセージ編】

□言いたいことは明確ですか？
□その内容は正しいですか？
□価値があり、ユニークな内容ですか？
□メッセージはシンプルですか？　1行以内に収まりますか？
□主語と述語は明確ですか？
□曖昧な表現を避け、明確に言い切っていますか？

【チェックリスト：ストーリー編】

□「問題解決の型」や「空・雨・傘」などを用いたストーリー構成がしっかりできていますか？
□目次とリード文を自分で話してみて、つながりに違和感はありませんか？
□各論理構成のレベル感は揃っていますか？
□クライアントの立場（役職・ミッション）や組織文化・相手のSKINO（50ページ）を考慮した、受け入れやすいストーリーになっていますか？

【チェックリスト：1スライド編】

□各スライドのメッセージはシンプルですか？（ワンスライド・

ワンメッセージ)

□言いたいことが最も効果的に伝わるチャートが選ばれていますか？

□見栄えが良く、最適なレイアウトで配置されていますか？

□スライドに使われている色は3色以内ですか？　先方からの指定色がある場合、それが使用されていますか？

□色が多すぎたり、奇抜な色が使われていませんか？

【チェックリスト：全体の流れ編】

□単調なスライドが続いていませんか？

□ストーリーの切り替え部分が明確ですか？（中表紙を効果的に活用していますか？）

□全体を通して、トーン＆マナー（文体、色、使用グラフ）は統一されていますか？

□読み手のリテラシーや読み手の価値観を考慮した適切な表現がされていますか？

□（法人向けの提案資料の場合）読み手自社内で正確に説明できる資料になっていますか？

このチェックリストを活用することで、資料全体の品質を高め、効果的なコミュニケーションを実現しましょう。

➔ 第 7 章のまとめ

この章では、資料のデザインがメッセージの伝達にどれほど影響を与えるかを詳しく解説しました。
「減らす」「揃える」「空ける」の 3 つの原則に従うことで、視認性が高く、ストレスの少ない資料を作成することが可能です。
また、使用するシーンに応じて説明型とプレゼン型の資料を使い分けることで、効果的にメッセージを伝えることができます。
次の章では、これまで学んだポイントを総合的に活用し、具体的な資料作成のプロセスをより深く探っていきます。

第8章

練習してみよう！

―― 資料作りのテクニックを実践する

これまで資料の作り方について、ステップを踏んで進めてきました。

ポイントをお伝えしましたが、

「まだ具体的なイメージが湧かない」

「仕事で実践できるか不安」という方も

いらっしゃることでしょう。

そこで、この章では演習問題による実際の資料作成プロセスを

体感することで、

実務での実践につなげていきましょう。

〈練習〉健康ドリンクメーカーX社

次の例題について考えてみてください。

できれば、すぐに回答例を見ずに、ご自身でデザインまで作る経験をしていただくと、学習の効果が大きく上がります。ぜひトライしてください。

【例題】

あなたは健康ドリンクメーカーX社の営業部の若手社員です。新型コロナウイルス感染症に対する免疫力を高めるドリンクが、再度流行しているコロナ禍で売上が好調となり、営業社員が忙しい毎日を送っています。

取引拡大にともない、事務処理が増えており、多くのメンバーが残業している状況です。そこで、事務処理をサポートしてくれる派遣社員を採用したいと考え、課長に提案することにしました。

口頭で課長に提案の概略を伝えたところ、「それなら、明日の会議で資料を使って提案してくれないか？」と言われました。あなたはどんなプレゼンテーション資料を使い、どのような提案を行ないますか？

では、第2章で学んだ全体像を確認しながら、資料を作っていきましょう 図08-01 (次ページ)。

図 08-01

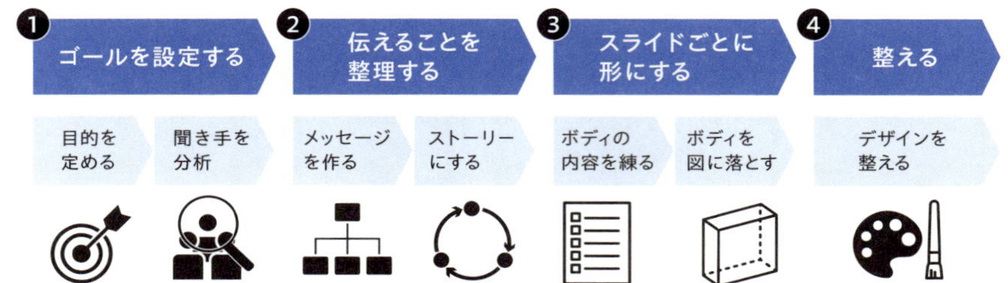
資料作成のステップとは?
1 ゴールを設定する
2 伝えることを整理する
3 スライドごとに形にする
4 整える
目的を定める
聞き手を分析
メッセージを作る
ストーリーにする
ボディの内容を練る
ボディを図に落とす
デザインを整える

大きく4つのステップで構成されています!

目的を定める

まず、目的をしっかり定めましょう。その際には、本当に資料が必要かどうかを考えることが重要です。まず初めに考えていただきたいのは、**「本当に資料が必要か?」**という問いです。資料を作る目的は「人を動かすため」であることは絶対に忘れないようにしましょう。

資料が必要かどうかは、ただ口頭で伝えただけのときとそうでないときを想像してみるとわかります。もし資料を使わずに口頭だけで伝えた場合、次の2つの難所があるかもしれません。

1. 課長が納得しない可能性

ただ「派遣社員を採用したい」と言っただけでは、「安易に他人に頼るな！そもそも、そんなに忙しくないだろう！」と言われかねません。そこで、しっかりと考えて、作戦を練る必要があります。

2. 課長が上申する際に困る可能性

仮に課長が納得してくれても、それで終わりではありません。おそらくほかの関係者に採用予算などを提案する必要があります。その際、課長がほかの人に納得してもらうために資料が必要になることが想像できます（ここでは、最終意思決定者である部長や役員ではなく、まずは自分の直属の上司である課長の納得に主眼を置きます）。

資料が必要だと判断できたら、次に目的設定に移りましょう。目的設定では､3つのステップに沿って言語化を進めていきます。「背景→目的→ゴール」に沿って要件を定めていくと次のように定義できるでしょう。

背景：製品の急激な売上増により、営業の事務作業が増えて、タイムリーな顧客対応ができなくなっている
目的：派遣社員の採用に合意を得る
ゴール：課長が派遣社員の採用にOKを出している状態

次に行なうべきことは、相手の分析です。

スタート地点を考え、今後どんなメッセージを伝えるべきかを考えます。第3章で解説した**「SKINO分析」**（50ページ）で整理をしましょう。分析の内容によって、提案資料に入れるべき内容や伝えるべきメッセージが変わります。

1. 性格（Style）

スライドの枚数は多いほうがよいのか？　それとも少ないほうがよいのか？

結論を先に伝えるべきか？　前提から共有するべきか？

ロジックを大事にする人か？　熱意を大事にする人か？

2. 知識（Knowledge）

課長は派遣採用についてどのくらいの知見を持っているのか？

3. 興味関心（Interest）

課長が気にすることは何だろう？　この内容を伝えたときに初めに気にしたり、考えたりすることはどんなことだろう？

4. 認識（Notions）

課長は、今の営業部の状態についてどこまで正確に認識をしてくれているのだろう？　繁忙状態であることを知っているのだろうか？　新製品がどのくらいの売れ行きになっているかわかっているだろうか？

5. 意見（Opinions）

課長は派遣採用について何と言うだろう？　すぐに納得してくれるだろうか？　納得してくれないとしたらどのような懸念を示すだろうか？

これは仮の設定ですが、次のようなことがわかるとよいでしょう。

1. 性格（Style）

課長は気が短くて、意思決定の際には合理的な理由を求めるタイプだ。
→　短いスライドで根拠をしっかり伝えるようにしよう。

2. 知識（Knowledge）

以前、派遣社員の採用を実施したことがあるから知っているだろう。
→　派遣採用の概要については、細かく話さなくてよさそうだ。

3. 興味関心（Interest）

「派遣社員を雇うことで事業的にどんなメリットがあるのか？」「コストがかかるが、それ以上に売上は上がるのか？」といったことを気にしそうだ。
→　事業目線でのメリットをしっかり盛り込もう。

4. 認識（Notions）

課長は新製品が売れていることは知っている。取引拡大にともない、課長自身も非常に忙しくしており、部下の状況を把握し切れていない。
→　新製品の売れ行きの話というよりは、部下がどのくらい忙しくしているかを詳細に伝えたほうがよさそうだ。

5. 意見（Opinions）

「人員は足りていて、努力や効率化が足りないのでは？」「気合いで乗り越えられるだろう」と言われそう（課長は忙しくて採用を考えるそぶりもない）。
→　気合いではどうにもならないほど忙しくなっていること、緊急性を定量的に伝えたほうがよさそうだ。

ここまでわかれば、大枠としてどんなメッセージを伝え、どんな資料を作ればよいのかわかるでしょう。

毎回ここまで丁寧に言語化する必要はありませんが、相手を分析する習慣は身につけてください。そして重要なプレゼンテーションの場合には、必ず言語化するようにしましょう。

次にメッセージを作ります。

前にも述べましたが、いきなりスライドを作り始めるのは御法度です。メインメッセージ「派遣社員を採用すべき」を頂点に、メッセージを紡いでいきます。

その際には、**「メインメッセージの説得力を高めるために何を伝えるべきか」「サブメッセージの説得力を高めるために何を伝えるべきか」**を考えます 図 08-02（次ページ）。

図 08-02

派遣社員採用のピラミッドストラクチャー

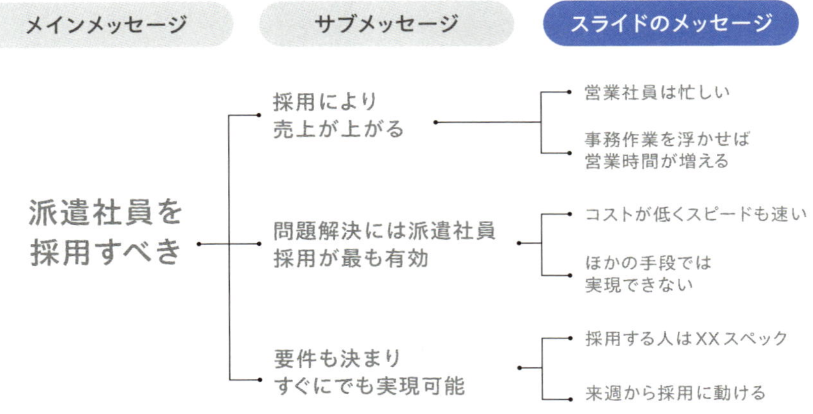

採用すべきとなったときの疑問をもとにメッセージを固める

すぐにピラミッドストラクチャーに記載するサブメッセージが浮かばない場合は、相手に聞かれるであろう問いをヒントに、サブメッセージやメッセージを紡いでいくとよいでしょう。メッセージのボディを作るときと同様に、**メッセージだけを伝えたときに何を聞かれるかという「答えるべき問い」を明確にしてください** 図 08-03 。

図 08-03

聞き手の疑問・質問に対する答えを考える

聞き手の状態（聞き手が持つ問い）		伝えるべきメッセージ
本当に忙しいの？ どのくらい忙しいの？	▶▶	取引拡大にともなう事務処理増のため、 メンバーの残業が著しく多く負担が大きい
営業メンバーを増やしたらよいのでは？ なぜサポートメンバーが必要？	▶▶	コスト高の営業人員よりは比較的低コストの サポート人員がやるほうがコスト効率が良い
具体的にどんな人を採りたいの？	▶▶	営業事務の経験を持ちながら サポート精神が旺盛な人
サポートする人を採用する以外の ほかの方法はないの？	▶▶	正社員増という手段もあるが、コロナ禍は 一時期の可能性もあり、派遣採用が有効
派遣社員を入れるコストはどのくらい？	▶▶	月額で30万円を想定している
コスト以上のリターンがあるの？	▶▶	月額コスト30万円に対して 月300万円のリターンがあると考えている
具体的にどうやって採用していくの？	▶▶	1カ月以内に採用を決め、 半月のオンボーディング期間を設ける予定
結局何をしたいの？ 今日はどんな用件なの？	▶▶	売上最大化を目指して派遣社員採用を 提案したい

次にストーリーに落とし込みます。そのときにも、まず「言いたいことをそのまま伝えたときに何がまずいか」ということを意識してください。課長の視点に立ったとして、急に次のように話されたらどう思うでしょうか？ 図08-04

図08-04

伝えるべきメッセージ

取引拡大にともなう事務処理増のため、メンバーの残業が著しく多く負担が大きい

コスト高の営業人員よりは比較的低コストのサポート人員がやるほうがコスト効率が良い

営業事務の経験を持ちながらサポート精神が旺盛な人

正社員増という手段もあるが、コロナ禍は一時期の可能性もあり、派遣採用が有効

月額で30万円を想定している

月額コスト30万円に対して月300万円のリターンがあると考えている

1カ月以内に採用を決め、半月のオンボーディング期間を設ける予定

売上最大化を目指して派遣社員採用を提案したい

相手からすると、「モヤモヤする！　早く結論を聞きたい！」「疑問にすぐに答えてくれない！」という流れにならないでしょうか。そんなときには、ストーリーラインの型を使います 図08-05 。

図08-05

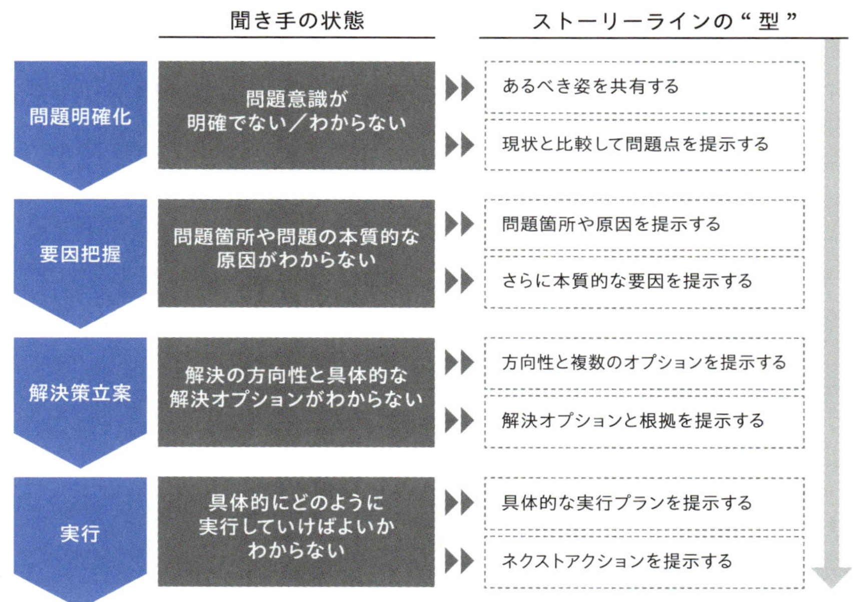
ストーリーラインを作る上でのコツ
聞き手の状態
ストーリーラインの“型”
問題明確化
問題意識が明確でない／わからない
あるべき姿を共有する
現状と比較して問題点を提示する
要因把握
問題箇所や問題の本質的な原因がわからない
問題箇所や原因を提示する
さらに本質的な要因を提示する
解決策立案
解決の方向性と具体的な解決オプションがわからない
方向性と複数のオプションを提示する
解決オプションと根拠を提示する
実行
具体的にどのように実行していけばよいかわからない
具体的な実行プランを提示する
ネクストアクションを提示する

このストーリーラインに照らし合わせると次のようになります 図08-06 。

図08-06

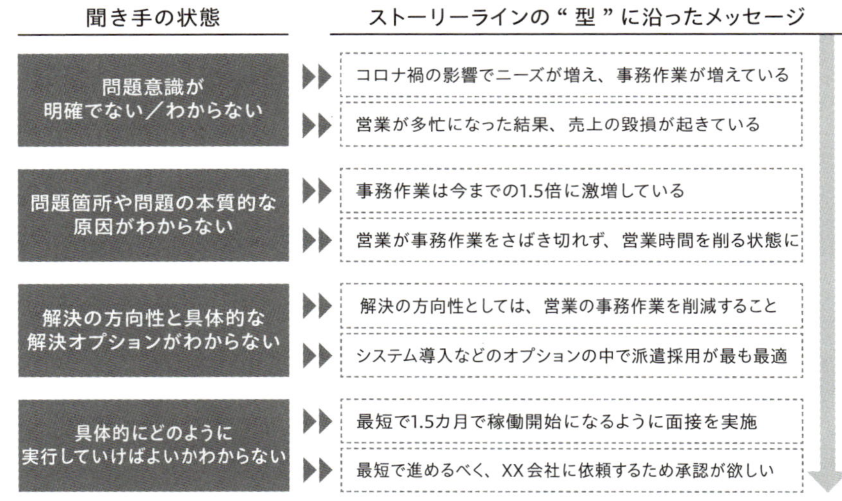

ストーリーラインを作る上でのコツ
聞き手の状態
ストーリーラインの“型”に沿ったメッセージ
問題意識が
明確でない／わからない
コロナ禍の影響でニーズが増え、事務作業が増えている
営業が多忙になった結果、売上の毀損が起きている
問題箇所や問題の本質的な
原因がわからない
事務作業は今までの1.5倍に激増している
営業が事務作業をさばき切れず、営業時間を削る状態に
解決の方向性と具体的な
解決オプションがわからない
解決の方向性としては、営業の事務作業を削減すること
システム導入などのオプションの中で派遣採用が最も最適
具体的にどのように
実行していけばよいかわからない
最短で1.5カ月で稼働開始になるように面接を実施
最短で進めるべく、XX会社に依頼するため承認が欲しい

このような叩き台をもとにして、課長のSKINO分析を意識し、さらに順番を最適化します。その際には重要なことを早く・重く伝えることを意識してください。

今回の例で言えば、何を依頼したいのかを具体的に知りたいはずです。せっかちな課長の性格を踏まえ、先に提案を伝えましょう。その上で、「なぜ派遣採用が必要なのか」「ほかの解決策がないのか」といった形で、課長が疑問に思うことを順番に整理していくとよいでしょう 図08-07 。

図 08-07

聞き手の状態を踏まえたストーリーライン

聞き手の状態（聞き手が持つ問い）	ストーリーラインの“型”とメッセージ	
（とりあえず話を聞きにきたけど） 今日は何を言いたいんだろう…？	結論	売上向上のために派遣社員の採用を進めたい。採用イメージはXX
（言いたいことはわかったが） なぜ派遣採用が必要なのかな…？	問題提起	取引拡大にともなう事務処理増のため、メンバーの残業が著しく多く負担が大きい 営業メンバーが事務処理をせざるを得ず営業する時間が減り売上が毀損
（派遣採用が必要な理由はわかったが） ほかの代替案もあるのでは…？	メリット提示	オプションとしては、システム導入や正社員などがある スピード／コスト／効果の面で派遣採用が最適
（派遣採用が必要な理由はわかったが） コスト以上のリターンがあるのか…？	結論	月額コスト30万円に対して月300万円とリターンは極めて大きい
（派遣採用を進めることは良いが） 具体的にどうやって進めるのか…？	今後の進め方	1カ月以内に採用を決め、半月のオンボーディング期間を設ける予定

ここまででメッセージと、聴き手の関心に沿ったストーリーラインが完成しました。次はスライドを作成しましょう。特にボディの作り方を意識してください 図08-08 図08-09 。

図08-08

メッセージの一例（資料作成能力向上に向けて）

結論		1. 売上向上のために派遣社員の採用を進めたい
採用者スペック		2. こんな仕事を任せてこんなスペックにすべき
問題提起	環境変化	3. 環境変化により、製品の売上が急激に上がり事務作業が増えている
		4. 事務作業が増えすぎるがゆえに、営業時間が削られている
	売上毀損	5. 営業時間が削減されることにより、売上が毀損されている
		6. 営業の事務作業を削減することができれば、売上はXXほど向上する
派遣の理由		7. 今回の売上増は外部環境ゆえに一時的であるため、派遣社員が有効
		8.IT投資や効率化よりも低コストで導入可能でリスクも少ない
提案		9. 想定売上増とコストを比較してもXX程度上回る
具体的なスケジュール		10.XX会社に依頼し、XX月から採用する想定で動く

1つ1つがメッセージ ⬇ 1スライドに！

図 08-09

ボディを考えるための5つのステップ

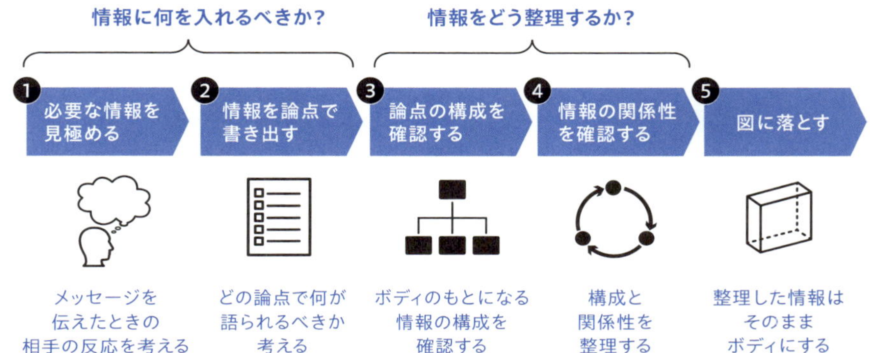
情報に何を入れるべきか？
情報をどう整理するか？
1 必要な情報を見極める
2 情報を論点で書き出す
3 論点の構成を確認する
4 情報の関係性を確認する
5 図に落とす
メッセージを伝えたときの相手の反応を考える
どの論点で何が語られるべきか考える
ボディのもとになる情報の構成を確認する
構成と関係性を整理する
整理した情報はそのままボディにする
この5ステップを踏めば必ずボディが作れる！

スライド①　こんなスペックにすべき

まず情報の見極めです。ボディにどんな情報を入れるべきかから考えます 図 08-10（次ページ）。

図 08-10

必要な情報の見極め方

メッセージを伝えてみて…

スライド後

スライド前

「xx について zz である」

壁になる感情を見にいく

どんな感情を抱くだろう？
納得されないのはなぜだろう？

メッセージだけを伝えたときの相手の反応を意識する
➡相手が持つ疑問を明確にすれば何を伝えるべきかが見えてくる

「こんな人を採用したい」と伝えたら、課長はどんな疑問を抱くでしょうか？おそらく「どんな人を採用するのか？」となり、具体的なイメージが湧かないと思うはずです。

そこで、具体的な情報を箇条書きで記載します。

- 一般的な事務作業を依頼
  - 見積書作成
  - データベース入力
- 事務処理能力を持っている人に依頼
  - 営業事務経験
  - サポート精神

続いて、情報の構成を整理するフェーズに入ります。

まずは、これらを階層を意識していきながら箇条書きに落とし込みます。

どんな人を採用する予定なのか？　←（答えるべき問い）

・事務処理能力を持ち、自社の文化に合った人を採用する予定（問いに対する主張）
　　・どんな仕事を任せるのか？
　　　　・一般的な事務作業を依頼
　　　　　　・見積書の作成
　　　　　　・データベースの入力
　　・どんなスキルを持つ人なのか？
　　　　・事務能力＋自社の文化に合った人
　　　　　　・営業事務能力
　　　　　　・サポート精神

次にこれを構成要素に分けて整理します。

タイトル：どんな人を採用する予定なのか？
メッセージ：事務能力を持ち、自社の文化に合った人を採用する予定
ボディ：
・どんな仕事を任せるのか？
　　・一般的な事務作業を依頼
　　　　・見積書の作成
　　　　・データベースの入力
・どんなスキルを持った人なのか？
　　・事務能力＋自社の文化に合った人
　　　　・営業事務能力
　　　　・サポート精神

ここからは箇条書きされた要素について定量化をします。

- 階層数：2 階層
- 情報数（役割）：
    - 大情報：2 つ（論点）
    - 中情報：2 つ（メッセージ）
- 次元：1 次元

これらからボディのイメージを想像すると次のようになります 図 08-11 。

図 08-11

【階層2つ】情報が2つずつ並ぶ場合は…

上位階層情報（論点）		上位階層情報（論点）	
下位階層情報	下位階層情報	下位階層情報	下位階層情報

また関係性はどうでしょうか？

依頼したい業務内容によって、必要となる人材の採用要件（スキル・経験）が決まるわけです。　順列・プロセスと整理してよいのではないでしょうか 図 08-12 。

図 08-12

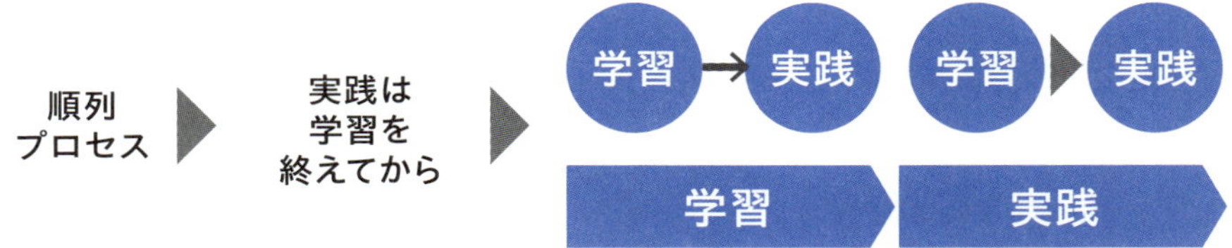

すると次のような資料になります 図 08-13 。

図 08-13

今回の採用ターゲット

今回の採用ターゲットは事務能力を持ち、自社の文化に合った人を採用する予定

どんな仕事を任せるのか？	どんなスキルを持った人なのか？
✔ 見積書の作成	✔ 営業事務能力
✔ 契約書の作成	✔ サポート精神
✔ データベースの入力	✔ 自社ミッションへの共感
一般的な事務作業を依頼	**事務能力＋自社の文化に合った人**

次に「環境変化により、製品の売上が急激に上がり事務作業が増えている」というスライドに移ります。

まず、メッセージを支えるボディをどのように作るべきでしょうか？「環境変化により、製品の売上が急激に上がり事務作業が増えている」と言われたら、どんな疑問が湧くでしょうか？

おそらく「本当に？　具体的にはどんな業務が増えているの？」が気になるはずです。

(売上の増加量を具体的に示すケースもありますが、今回は相手が営業課長でありそれについては把握していると予想されるので、具体的な事務作業を記載するとよいでしょう。)

そこまでわかれば、箇条書きで内容を記載していきます。

- 見積書の作成
  - 100 時間が増加
    - 見積書 300 本× 20 分／枚
- 契約手続き
  - 100 時間増加
    - 契約書 100 本× 1 時間／契約
- 営業データベースへの入力
  - 50 時間増加
    - 契約書 100 本× 50 時間／月

ここからは箇条書きされた要素について定量化をします。

- 階層数：3 階層
- 情報数（役割）：
  - 大情報：3 つ（抽象ラベル）
  - 中情報：1 つずつ（メッセージ）
  - 小情報：1 つずつ（根拠）
- 次元：1 次元

さらに、関係性を可視化すると、大情報・中情報同士の関係は並列・中情報と小情報の関係としては、中情報の内訳が小情報となるので、内訳を図示するとよいのではないでしょうか。

そうすると、次のようなボディになります 図08-14 。

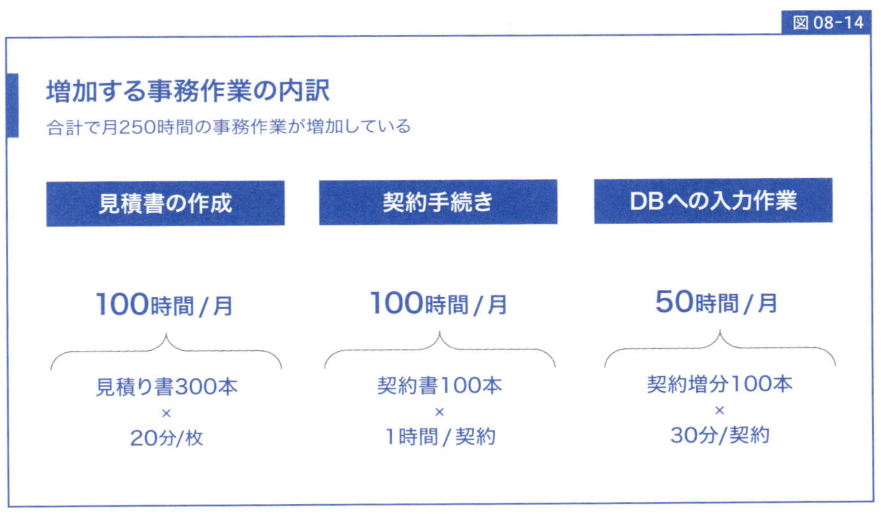

中情報と小情報の関係を「イコール」と捉えれば、次のようなスライドにすることも可能です 図08-15 (次ページ)。

図08-15

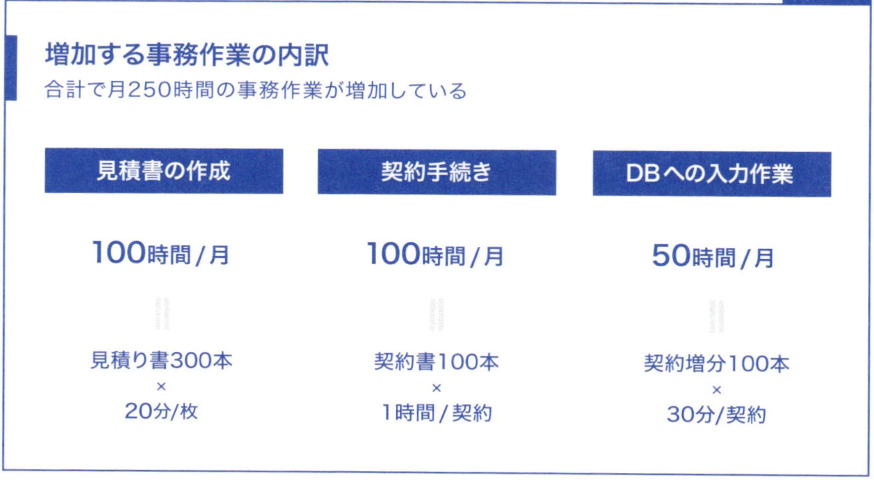

増加する事務作業の内訳

合計で月250時間の事務作業が増加している

見積書の作成	契約手続き	DBへの入力作業
100時間/月	100時間/月	50時間/月
見積り書300本 × 20分/枚	契約書100本 × 1時間/契約	契約増分100本 × 30分/契約

また、今回の箇条書きを次のように捉え直すことも可能です。

- 見積書の作成
    - 時間
        - 100 時間が増加
    - 内訳
        - 見積書 300 本× 20 分／枚
- 契約手続き
    - 時間
        - 100 時間増加
    - 内訳
        - 契約書 100 本× 1 時間／契約
- 営業データベースへの入力
    - 時間
        - 50 時間増加
    - 内訳

・契約書 100 本× 50 時間／月

このように整理をすると、次のような定量化が可能となります。

・階層数：3 階層
・情報数（役割）：
　・大情報：3 つ（抽象ラベル）
　・中情報：2 つずつ（論点）
　・小情報：1 つずつ（ファクト）
・次元：2 次元

2 次元で捉えると、次のような表現も可能です 図 08-16 。

図 08-16

増加する事務作業の内訳

合計で月250時間の事務作業が増加している

	見積書の作成	契約手続き	DBへの入力作業
増加時間	100時間 / 月	100時間 / 月	50時間 / 月
内訳	見積り書300本 × 20分/枚	契約書100本 × 1時間 / 契約	契約増分100本 × 30分/契約

次に、「事務作業増加により、営業部の売上が毀損している」というスライドを作りましょう。
「事務作業増加により、営業部の売上が毀損している」と伝えたら課長はど

のような疑問を持ちそうでしょうか？

おそらく「なぜ？」と思うはずです。

よって、理由をボディに入れるべきとわかります。次にその情報を箇条書きで記載します。

- ・営業時間の低下
    - ・事務作業増加より営業時間が20%増えてしまった
- ・訪問数の低下
    - ・営業時間に事務作業が食い込み、1人あたり訪問数が10件減っている
- ・売上毀損
    - ・訪問数が減った結果、顧客フォローができず、既存顧客の売上が減少している

このように整理をすれば、次のような定量化が可能になります。

- ・階層数：2階層
- ・情報数（役割）：
    - ・大情報：3つ（抽象ラベル）
    - ・中情報：1つずつ（ファクト）
- ・次元：1次元

関係性を見ていきましょう。

大情報同士の関係性は「派遣採用による事務作業の削減幅　→　売上向上」というロジックとなるので、因果・順列となります。

また、大情報と中情報の関係には特別なものはありません。

そうすると、次のようなスライドになります 図08-17。

図 08-17

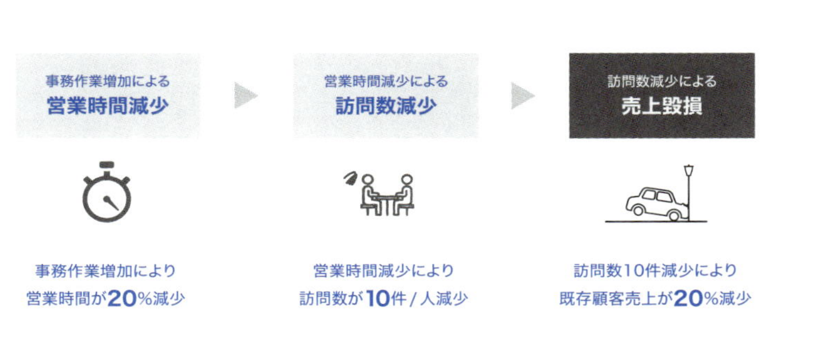

「今回の状況からは派遣社員の採用が最も適切な手段である」について深めていきましょう。

こんなメッセージをもらったとしたら、どんな疑問が湧くでしょうか？おそらく「ほかにどのような手段があるのか？」「どのような基準で派遣がよいと思ったのか？」などでしょう。

すると、次のような箇条書きができるのではないでしょうか。

- 選択肢
    - 派遣採用
    - IT システム投資
    - 業務の見直し・効率化
- 要件と評価
    - コスト
        - 派遣採用
            - 月 50 万円で可能
        - IT システム投資

        ・かなり大幅なコストがかかる見込み
    ・業務の見直し・効率化
        ・ほとんどコストはかからない
・リスクは少ないか？
    ・派遣採用
        ・効果が出なければすぐに停止可能
    ・IT システム投資
        ・すぐに辞めるのは難しく、一定のリスクあり
    ・業務の見直し・効率化
        ・うまくいかなければ停止すればよいため低い
・効果は十分見込めるのか？
    ・派遣採用
        ・事務作業は確実に削減可能
    ・IT システム投資
        ・自動化により大幅に見込める可能性
    ・業務の見直し・効率化
        ・業務が効率化できるかは不明
・実現可能性
    ・派遣採用
        ・1 カ月ほどで可能
    ・IT システム投資
        ・3 カ月以上かかる
    ・業務の見直し・効率化
        ・1 カ月ほどで可能

このように整理をすれば次のような定量化が可能になります。

・階層数：3 階層
・情報数（役割）：

　・大情報：3つ（大論点）
　・中情報：4つ（中論点）
　・小情報：1つずつ
・次元：2次元

次に関係性を見ていきましょう。

それぞれ並列の関係です。それを踏まえると、次のようなボディを作ることができます 図08-18 。

図08-18

派遣社員が有効な理由

弊部門の状況を踏まえると、課題の解決には派遣社員が最も適切な手段である

チェック項目/選択肢	ITシステム投資	業務の見直し	派遣採用
低コストで済むのか?	かなり大幅のコストがかかる見込み	ほとんどコストがかからない	月50万円で可能
リスクは少ないか?	すぐに辞めるのは難しく一定リスクあり	うまくいかなければ変えればよいため低い	効果が出なければすぐに停止可能
効果は十分見込めるのか?	自動化により大幅に見込める	業務がより効率化できるかは不明	事務作業は確実に削減可能
実現までのスピードは速いか?	3カ月ほどかかる	1カ月ほどで可能	1カ月ほどで可能

次に、「想定売上増とコストを比較しても費用対効果がある」というメッセージについてのボディを考えます。

これを課長に伝えたとしたらどう思うでしょう？　「本当かな？」「具体的には？」といった根拠を求められるのではないでしょうか。

そこで次のように箇条書きで情報を構成します。

- ・派遣採用による売上増
  - ・既存顧客売上 300 万円／月アップ
    - ・既存顧客フォロー 1 時間あたり 3 万円
    - ・派遣採用により 100 時間／月を捻出
- ・派遣採用によるコスト
  - ・派遣採用 1 名につき 50 万円／月

このように整理をすれば次のような定量化が可能になります。

- ・階層数：3 階層
- ・情報数（役割）：
  - ・大情報：2 つ（大論点）
  - ・中情報：1 つずつ（中論点）
  - ・小情報：1 つ＋ 2 つ
- ・次元：1 次元

次に関係性を見てみましょう。

売上増のほうがコストよりも金額のインパクトが大きいので、大小関係です。また、売上増についての中情報と小情報の関係は内訳を表します。

そこまでわかれば、次のようなボディになります 図 08-19 。

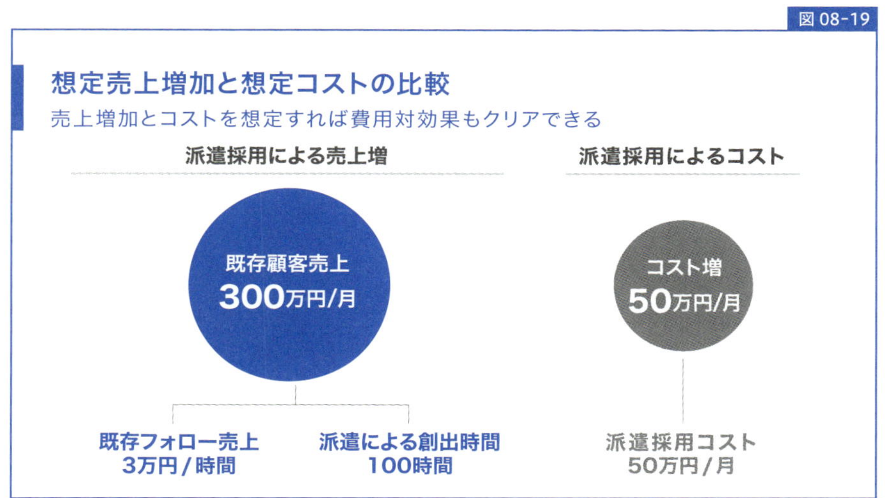

少し線が多くてくどいなと感じたら、「減らす」を意識して次のようにしてもよいでしょう 図 08-20 。

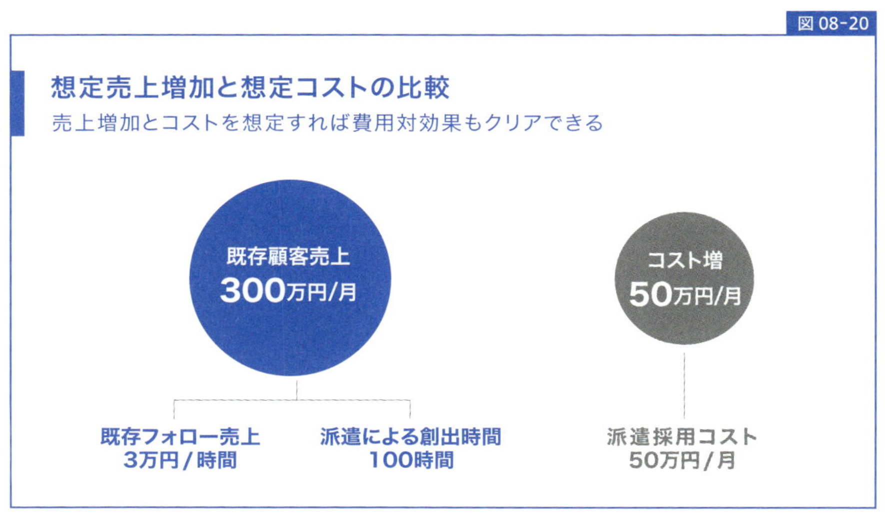

最後に、具体的なスケジュールについても詰めていきましょう。

「1カ月以内に参画、1.5カ月後には活躍いただける状態で進める想定」とメッセージを伝えたときには、「具体的にはどういうスケジュールで進めるの？」と言われそうですね。

そこで、次のような箇条書きを作ります。

- 1週目
  - 概要
    - 問い合わせ
  - ゴール
    - 派遣会社の選定が完了している
  - やること
    - 派遣会社問い合わせ（当方）
    - 問い合わせ会社選定（課長）
    - 規約確認（法務）
- 2～4週目
  - 概要
    - 面接～契約
  - ゴール
    - 面接が完了し、契約がされていること
  - やること
    - 面接官アサイン（未定）
    - 契約締結（課長）
- 1カ月後～1.5カ月
  - 概要
    - オンボーディング
  - ゴール
    - 入社後定着すること
  - やること
    - 入社手続き（人事）

・メンターによるオンボード（ZZ さん）

これは次のように定量化できます。

・階層数：3 階層
・情報数（役割）：
　　・大情報：3 つ（大論点）
　　・中情報：3 つ（中論点）
　　・小情報：3 つ・3 つ・2 つ（中論点の 3 つに対してそれぞれ）
・次元：2 次元

このように、情報量の多い箇条書きについては 2 次元が適しています。

最後に、関係性の確認です。
「1 週目」「2 〜 4 週目」については時間軸を表すので、関係性はプロセスといえるでしょう。また、概要・ゴール・やることについては並列と整理できます 図 08-21 (次ページ)。

図 08-21

派遣採用における今後のスケジュール

1カ月月以内に参画、1.5カ月後には活躍いただける状態で進める想定

	1週目	2～4週目	1～1.5カ月後
概要	派遣会社問合せ	候補者面接 / 契約	オンボーディング
ゴール	派遣会社の選定が完了している状態	面接が完了し契約がされている状態	入社後に業務に取り掛かれる状態
やること	✓派遣会社問合せ【当方】 ✓問合せ会社選定【課長】 ✓規約確認【法務】	✓面接官アサイン【当方】 ✓面接実施【未定】 ✓契約締結【課長】	✓入社手続き【人事】 ✓オンボード【未定】

このような形で整理してください。

また、実際に作業するときには、1つずつをじっくり考えるのも大事ですが、まずは一連の流れを箇条書きで書き切ったあとに、スライドに落とし込むようにしてください。

➔ 第 8 章のまとめ

この章では例題を用いた練習形式で、メッセージ作りからストーリーラインへの落とし込み、さらにはボディの作成までの流れを総復習しました。実際に取り組んでみて、いかがでしたでしょうか？

最初は思い通りに資料作成ができなかったとしても、繰り返し取り組むうちに要領がつかめてくるはずです。

まずは本書で解説したプロセスの全体像や各ステップのポイントを頭に入れながら、実践を通してスキルを磨いていっていただきたいと思います。

おわりに

ここまでお付き合いいただき、ありがとうございました。

いかがでしたでしょうか？
本書を通じて､資料作成において重要なことは何なのか､どのようなステップを踏めばよいのか、実践するためにはどうすればよいのかについて理解を深めていただけたら幸いです。

私自身、新規事業のオーナーとして、社内の信頼を得ながら事業を推進することにとても苦労しました。社外だけでなく、社内にも多くのステークホルダーがいる中で、「どのように人々を動かしていくべきか」を常に考えていました。その中で、大きなきっかけとなったのが「資料」でした。「新規事業チームの作る資料はわかりやすいね」と言われるようになり、社内で少しずつ信頼感や期待感が醸成されていき、新規事業を推進しやすい状態を作ることができたのです。

さらに振り返ると、私が初めて成功体験を得たのも、資料作成がきっかけでした。営業職として未熟だった頃、日々の振り返りを続けていましたが、なかなか成果に結びつかず、自信を失いかけていました。そんなときに作成した資料が高く評価され、社内で表彰されたこと大きな転機となりました。

人見知りだった私は、うまく話せないことに長年苦労していましたが、資料作成においては原理原則をしっかりと守って作成することで、ほかの人よりも高い成果をあげることができました。また、良い資料を作るための再現性があるため、安定して結果を出すことができます。本書で紹介したさまざまなノウハウを身につけていただくことで、仕事でより成果を上げたり、仕事をより楽しんだりすることに役立てていただければ本望です。

そして何より、私は「考えること」の楽しさを多くの方に知っていただきたいと思っています。

資料作成は、あらゆる仕事の中でも、1人でじっくりと考える時間が長い仕事です。考えることが苦手と感じる方もいるかもしれませんが、しっかり考え抜いて良い成果物を作り、相手が納得してくれたときの喜びは格別です。

現在、生成AIの進化により、「資料作成の能力は今後は不要になるのでは？」と考える方もいるかもしれません。確かに、AIが資料を作成する時代は確実に訪れるでしょう。しかし、私が本当に伝えたかったのは、資料作成の「人を動かす」という目的において、考えるプロセスを習得することの重要性です。「ゴールは何か？」「相手の関心は何か？」といったことを考えるのは、まだAIには難しいことです。

また、資料を作成する際に適切で再現性のある順序で考える力を身につければ、資料作成に限らず、さまざまな場面で「何をどのように伝えるか」が考えられるようになるため、コミュニケーション能力は確実に向上します。

これからの時代、個々人の思考力や伝える力を高め、周囲の人々を動かすことがますます重要になります。そのために、どこまで細部にこだわって考え抜けるかが問われます。この力を身につけて、激動の時代をともに駆け抜けていきましょう。

皆さんが「考えること」を今まで以上に楽しみ、イキイキと働く人が増えることを心から願っています。

2024年11月　仲川顕太

著者 **仲川顕太**（なかがわ けんた）

京都大学 医学部 人間健康科学科 卒業
グロービス経営大学院 教員
大学卒業後、現株式会社リクルートの住宅領域にて法人営業に携わったのち、グロービスに参画。
グロービス入社後は、法人企業の人材育成・組織開発の企画・設計・コンサルティングに従事。
MBA取得後はHRtech領域における新規事業の立ち上げを担い、現在は事業責任者として、事業戦略策定／プロダクト開発をリードするかたわら、デジタル部門の経営メンバーとして中長期戦略策定／組織開発に携わる。
また、グロービス経営大学院の創造系ファカルティに所属し、思考系／ベンチャー系プログラムの講師や、投資先の経営支援を行ないながら、スタートアップ経営に関する研究活動にも従事する。

わかる、伝わる、人を動かすシンプル資料作成術

2025年1月23日　初版発行

著者　仲川顕太
発行者　太田 宏
発行所　フォレスト出版株式会社
〒162-0824　東京都新宿区揚場町2-18　白宝ビル7F
電話 03-5229-5750（営業）
03-5229-5757（編集）
URL　http://www.forestpub.co.jp
印刷・製本　中央精版印刷株式会社

ISBN978-4-86680-295-4　Printed in Japan

『わかる、伝わる、人を動かす シンプル資料作成術』
購入者特典

書籍の内容を資料化したパワーポイントのデータ

特別データ

無料プレゼント

著者・仲川頭太さんより

購入者特典として、本文に掲載したスライドのサンプルや資料作成に活用できるパワーポイントのデータ（スライド100枚超）をご用意しました。普段のお仕事にぜひご活用ください。

特別プレゼントはこちらから無料ダウンロードできます↓

https://frstp.jp/pptx

※特別プレゼントはWeb上で公開するものであり、小冊子・DVDなどをお送りするものではありません。

※上記無料プレゼントのご提供は予告なく終了となる場合がございます。あらかじめご了承ください。